아시아문명연구원 총서 02

베트남 도이머이의 길

김성범 · 응웬따이동

아시아문명연구원 총서 02

베트남 도이머이의 길

김성범 · 응웬따이동

거대 자본과 글로벌 시장의 물결 앞에
베트남 인민은 여전히 역사의 주인으로 살고 있는가?
행복한 길로 가고 있는가?

심미안

머리말

    들판에서 벼들이 푸릇해지기 시작하면 뭔지 모를 아득한 내음이 났었다. 햇살의 흔적 같기도 하고 더위와 함께 달려드는 그 내음. 나중에야 그것의 주인이 벼꽃이었음을 알 수 있었다. 바나나 나무 두 그루만 있어도 산다는 그 풍요로운 남국. 사철 어디서든 꽃향기가 흩날리는 곳.

    그러나 그곳은 계속되는 외세의 침략과 식민 지배, 그에 따른 전쟁으로 온통 폐허가 되어 버린 물과 땅의 역사를 품고 있다. 폭격과 고엽제와 지뢰와 주검들이 새겨져 있다. 그런 와중에도 반만년 내내 자신들의 뜻을 품고 나라를 지켜낸 사람들이 산다.

    그것들을 배우기 위해 나는 무작정 하노이로 날아갔다. 그런데 그들은 거꾸로 그런 나에게 무언가를 늘 배우기를 원했다. 무엇보다 그들은 가르치는 일에 선뜻 나서지 않았다. 호기심 어린 것이든 단순히 바라보는 것이든, 작렬하는 태양에 깊어진 눈빛은 검고 빛났다. 그로부터 나는 마음을 바꾸어 먹었다. 그들에게 배우기 위해 한편으로 가르치기 시작한 것이다. 그것은 나를 되돌아보는 일이기도 했다. 그들의 질문은 나의 예상과는 전혀 다른 것들이었다. 당연한 것들에 대한 질문 앞에 나는 설명을 하지 못했다. 이미 한국이라는 제도적 틀에서 교육을 받은 사람으로서 나는 이미 자기 질문 없이 당연하게 받아들인 무엇인가로 굳어져

벼꽃. 벼가 자라지 않는 섬에서 자란 나에게 벼꽃 내음은 낯선 것이었다.

있었기 때문이다.

　지식을 얻는 일은 비교적 수월했다. 하지만 나의 관점을 유지한 채 그들의 삶 속으로 들어가면서 겪는 일들은 상당히 버거웠다. 당연히 낯선 이들의 사유가 자유로워 보였지만 고백하건대 나로서는 몹시 불편했다.

　우리가 아는 호치민에 대해, 베트남인들의 영웅 응웬짜이에 대해, 베트남 고유의 유학과 불교, 거기에 베트남의 역사와 문화에 대해, 보고 듣고 체화하면서 나는 동시에 한국을 떠올리기도 했다. 그렇게 한국과 베트남의 사상들 사이를 밀물과 썰물처럼 오고 가는 시간을 보냈다.

　그 저변에 놓인 베트남적인 것이란 무엇인가? 그것은 박제되지 않은 채 지금도 살아 움직이고 있는데 나는 어떻게 해야 그것을 공감하는 데 다다를 수 있을까? 더 나아가 나중에는 그것을 어떻게 한국인에게 설명하고 한국에서는 어떻게 활용할 것인가?

　도이머이(Đổi Mới)는 베트남의 구체적 현실을 이해하는 데서부터 시작해야 한다. 당연한 말이지만 그 구체적 현실에 대한 이해는 베트남의 역사와 문화를 비롯한 그 저변의 전통을 이해해야 가능한 것이다. 따라서 한국이나 서구적 관점에서 분석한 자료들만으로는 그들의 고뇌와 치열한 삶을 노정하고 있는 도이머이를 이해하기 어렵다. 또 한편으로 베트남 연구자들의 관점만 수용하는 경우에도 문제가 있기는 마찬가지다. 그들은 사회주의 국가의 연구자들인 만큼 마르크스·레닌주의에 경도되어 있었다. 그런 까닭에 도이머이가 지닌 국제적인 면모를 포착하는 데에는 한계가 컸다.

　이 책은 그러한 문제의식을 전제로 베트남 도이머이의 진행 과정 저변에 놓인 사상적 토대를 살펴보려는 시도라 하겠다. 그리고 가급적이면 도이머이에 낯선 일반 독자들의 이해를 돕기 위하여 최대한 풀어쓰고자 했다.

도이머이란 무엇인가? 단순히 베트남 정치와 경제의 결합으로만 설명할 수는 없다. 오히려 문명의 전환이다. 나아가 개벽이고 혁명이다. 그 저변에 베트남의 고유한 사상이 흐르고 있기 때문이다. 이러한 나의 입장과 관점을 중심으로 베트남의 여러 철학자와 논의했다. 그 결과 대체적인 이론적 흐름에는 동의하면서도 치밀한 논의가 필요한 대목도 드러났다. 그 가운데 베트남의 마을에 대한 새로운 인식을 얻을 수 있었던 것은 다행이었다.

도이머이는 애초 아래로부터의 인민의 요구, 현실 문제에 대한 개혁적인 당 지도부의 반응과 수용, 그리고 소통의 과정에서 만들어진 길이다. 그 질문과 응답은 지금도 이어지고 있다. 그럼에도 의문은 계속되었다. 지금도 여전히 도이머이 정책이 추진되고 있는데 거대 자본과 글로벌시장이라는 물결 앞에 베트남 인민은 여전히 역사의 주인으로 살고 있는가? 행복한 길로 가고 있는가? 혹은 소외되고 있지는 않은가? 이런 질문들은 한국의 상황과 겹치면서 늘 나의 뇌리에서 떠나지 않았다.

프랑스나 미국과의 전쟁에서 베트남이 승리한다는 것은 상상할 수도 없는 일이었다. 물론 그 훨씬 이전에 있던 청나라, 명나라, 원나라의 침략 앞에서도 베트남의 승리는 모두 불가능하기는 마찬가지였다. 그러면 우리는 이 불가능해 보이는 상황을 전회하여 역전의 상황으로 바꾸어 낸 그 역사적인 지혜가 어디에서 오는가를 물어야 한다. 그 원동력을 찾아야 한다. 이 도이머이에 대한 질문 역시 그러한 맥락에서 이해할 수 있다.

이론적 모순을 구체적 현실에서 견디는 힘은 현실을 살아가는 사람들의 삶에 긴밀하게 결합된 사상에서 나온다. 이런 관점에서 보면, 도이머이 정책을 추진하고 있는 베트남 저변의 사상이 무엇인지 묻지 않을 수 없다.

도이머이의 철학적 토대는 베트남 학계에서도 낯선 주제다. 마르크스·레닌주의, 그리고 호치민 사상을 언급하는 데서 멈춘다. 나는 필연적으로 전통적인 사유의 흐름, 그러니까 마르크스·레닌주의가 유입되기 이전에 형성된 사상과 연결된다고 생각한다. 그런 이유로 호치민 사상이 독특하고도 중요하다는 사실에 주목하게 된다.

사회주의와 그 이전 이른바 '봉건' 시기의 여러 사상 사이에는 긴장이 작동한다. 물론 다른 사회주의 국가와 비교한다면 베트남은 상당히 유연하고 민족적인 사유를 긍정하고 계승하는 측면이 크다. 그래도 그 내적 긴장감은 여전히 느낄 수 있다.

유교와 불교는 외래 사상으로서 베트남의 고유한 사상체계에 큰 영향을 끼쳤지만 내가 그 사상들의 기본적인 성격을 정리하는 데는 큰 어려움은 없었다. 하지만 그들의 고유한 사상체계는 어떻게 파악할 것인가?

기록물은 단편적이었다. 하지만 '기록'을 단순히 문자가 아닌 유무형의 다양한 유적과 유물, 삶의 현장에서 유지되고 있는 축제와 이야기들까지 외연을 확장한다면 유교와 불교를 '베트남화' 하는 과정에서 나타나는 사유의 드러남과 동근원적인 연결성을 확보할 수 있지 않을까 생각했다. 그것을 발판으로 도이머이의 사상적 토대라는 연구를 시작했다.

도이머이는 한자어가 아니다. 순수한 베트남어다. 도이머이 라는 개념 자체가 매우 베트남적인 의미를 담고 있다.

도이머이는 1986년에 갑작스럽게 전개된 일도 아니다. 수많은 현실 상황을 각계각층에서 반영하여 1986년에 공식화한 것이다. 그리고 헌법 개정을 통해 오늘날까지 이어지고 있는 거대한 흐름이라 할 수 있다.

베트남의 헌법을 간략하게 살펴보면 1946년 베트남민주공화국 헌법이 그 시작점이다. 이 헌법은 공산당이 권력을 장악한 나라의 헌법으로 볼 수 없을 만큼 민주주의적이었다. 그 후 1959년 헌법은 중화인민공화국 헌법의 요소를 받아들였고, 1980년 헌법은 소련의 헌법 요소들을 받아들였다. 그래서 도이머이의 과정을 헌법으로 명문화한 1992년 헌법은 1946년 헌법으로 회귀한 경향이 강하다.

한국과 베트남은 인류의 문명사적 전환을 이루어야 하는 선두에 내던져진 민족이다. 두 나라는 냉전의 각축장인 아시아에서 남북으로 나뉘어 비극을 경험한 바 있다. 그리고 서구의 사상을 극단적인 방식으로 수용하며 비참한 전쟁을 치렀다. 그 아픔과 더불어 이러한 구도를 극복해야 할 사명도 동시에 부여받았다. 한국은 여전히 분단국가다. 베트남은 분단을 극복했지만 온갖 어려움을 겪으면서 자신의 길, 도이머이의 길을 가고 있다.

그 어려운 국면 마디마다 끊어지지 않고 이어지는 사상적 특징의 유사성을 볼 수 있고, 도이머이의 드러난 정책의 저변에 놓여 있는 베트남의 사상적 특징도 다시 확인할 수 있다. 이런 차원에서 도이머이는 베트남이 스스로 깨치고, 그 깊은 뿌리에서 비롯한 원동력을 끌어 올려 꽃을 피우고 열매를 맺는 시도라 할 수 있다. 그런 배경 때문에 외부적 관점에서는 도이머이에 관한 객관적 지식과 이해는 얻을 수 있지만, 그로부터 배울 점이 무엇인지를 손아귀에 넣지 못하는 상황을 맞닥뜨리게 된다.

문명과 야만의 구도, 서구적인 것들이 세계의 기준이라는 사유가 지상에서 극단적으로 충돌한 곳이 베트남이다. 문명국가 프랑스가 식민 지배를 하면서 벌인 야만적 행위들, 서구 문명의 새로운 수호자인 미국이 노골적으로 자유와 평화를 파괴한 현장으로서의 베트남. 그래서 그들의 자유·평등·박애의 구호 아래에 감추어진 추악한 식민주의와 제국주의의 민낯이 적나라하게 드러난 곳.

식민 지배를 하던 프랑스가 식민지 베트남에 패배하고 물러난 것은 한편 서구 식민제국이 구축한 세계질서의 붕괴를 의미했다. 그리하여 미국은 그 서구 중심의 문명 질서를 지키기 위해 프랑스를 지원한다. 그리고 식민주의의 언어가 냉전의 언어로 변주되면서 이제 세계는 서구에서 기원한 두 흐름이 서로 대립하는 전장으로 뒤바뀐다. 이러한 구도에서 보면 오늘날 한국의 분단도, 베트남에서 벌인 서구 최강의 식민제국과 미국의 집요한 전쟁도 쉽게 이해할 수 있으리라.

이제 이러한 복잡한 관점들이 어떻게 베트남의 현실에서 풀리게 되는지를 함께 살펴보고자 한다.

차례

1

그러나 이어지는 고난

1

바축 마을의 학살 – 1978년 4월, 열이틀의 기록

이 길은 예전에 두어 차례 지나간 적이 있다. 베트남 북부 하노이에서 오토바이를 타고 보름 정도 남으로 내려간 끝자락. 긴 옷을 뚫고 들어오는 따가운 햇살과 후덥지근한 바람, 그러다 느닷없이 광풍이 부는가 싶으면 하염없이 비가 쏟아져 내리는 남녘땅. 온통 물길로만 달리다가 아스라이 산이 가깝게 다가오던 곳이다. 처우독(Châu Đốc)과 텃선(Thất Sơn). 텃선이란 이곳 사람들이 신령스럽게 여기는 일곱 개의 산을 말한다. 실제로는 20~30여 산들이 늘어서 있지만 특별히 7개의 산을 신성시한다. 이 외에도 처우독의 누이삼(Núi Sam)처럼 따로 신성하게 여기는 산들도 있다. 오래전부터 이곳 사람들은 믿어오던 신들을 이 산들마다 모셔두었고, 새로운 종교도 만들어 냈다.

길 한가운데 서 있던 나무. 이 마을 입구에 앉아 지도를 살피며 미적지근한 코코넛 열매의 즙을 마셨었다. 그때는 그렇게 이상하다고만 생각하고 지나쳤다. 큰 나무가 이렇게 길 한가운데 우뚝 서 있다니.

꺼이저우(Cây dầu, 학명으로는 Dipterocarpus alatus). 40m에서

50m까지 자라는 큰 나무다. 이 나무는 왜 길 한복판에 이렇게 서 있을까? 이 나무가 서 있는 곳에 길을 낸 것일까? 300여 년이 된 나무라고 했다. 마을이 마치 이 나무를 중심으로 생겨난 것 같았다. 그러니까 신목인 셈이다.

베트남사회주의공화국 안지앙(An Giang) 성의 바축(Ba chúc)마을. 인근 지역에서는 옥에오(Óc Eo) 문화와 관련된 유적과 유물이 발견된다. 인근에 산이 들어서 있고 들판이 자리 잡고 있으니 사람들이 오래전부터 모여 살았을 것이다. 하지만 바축 마을이 세상에 널리 알려진 이유는 다름 아닌 학살 때문이다.

1978년 4월 18일 새벽, 바축 마을은 아직 잠들어 있었다. 닭이 아직 울기도 전인 시간에, 갑작스레 포성과 총성이 마을을 뒤흔들었다. 수천

바축 나무: 수령 300여 년의 바축 마을의 이 나무는 그 자리에서 불타는 마을과 산을, 그루터기에서 죽어가는 사람들을, 그리고 되살아난 사람들을 지켜보았을 것이다. 2017년 나무는 죽었다. 지금은 보리수나무의 뿌리와 줄기가 그 주위를 둘러싸고 있어서 마치 살아 있는 것처럼 보인다. 뒤로 보이는 산이 코끼리 산이다.

피라이 사찰: 사찰 내부에는 학살당한 사람들의 피가 흥건하게 물든 벽이 그대로 남아 있다.

명의 크메르루즈(Khmer Rouge)군이 국경을 넘어와 마을을 포위하고 마구잡이 학살을 자행한 것이다.

불길이 산더미처럼 치솟았다. 민가는 허망하게 무너졌다. 사람들은 놀라 사방으로 도망쳤다. 어떤 이는 아이를 안고 산으로 달렸다. 경황없이 사원으로 몸을 숨기는 사람들도 많았다. 그러나 안전한 곳은 어디에도 없었다.

사람들이 모여든 사원은 오히려 광기 어린 학살의 장소로 바뀌고 말았다. 노인도, 아이도, 가축마저도 살아남지 못했다. 논에는 주검이 널리고 물길에는 피가 흥건하게 떠내려갔다. 학살은 살아 있는 모든 것들을 죽음으로 몰아넣었다.

학살은 시간이 지날수록 더욱 잔혹해졌다. 크메르루즈군은 산으로 도망친 이들을 뒤쫓았고, 마을 뒷산의 깊은 동굴까지 추적했다. 누이뜨엉(Núi Tượng, 코끼리산)에는 동굴들이 많았다. 석회암으로 이루어진

바축 무덤 외부: 8개의 흰 연꽃잎이 땅으로 박힌 외관의 무덤 유적. 고통과 상실을 표현하기 위해 꽃잎을 거꾸로 배치했다고 한다.

이 동굴은 전쟁 때마다 마을 사람들의 피난처였다. 마을은 이 나지막한 산과 큰 나무에 기대어 이루어져 있었다. 동굴로 피신한 사람들은 어둡고 깊은 고요 속에서 서로 부둥켜안고 숨을 죽여야만 했다. 닥치는 대로 학살하던 크메르루즈군은 동굴에 이르자 아예 입구를 막아 버렸다. 그리고 그 안으로 수류탄을 던져 넣었다. 얼마나 많은 사람들이 그곳에서 죽어갔는지 모른다. 훗날 학살의 시간이 지나고 동굴의 유골을 수습하려고 했지만, 유골이 너무 많은 데다 수습하기에는 터무니없이 비좁은 동굴이라 그대로 덮어 둘 수밖에 없었다고 한다.

4월 18일부터 30일까지 열이틀 동안, 바축 마을은 죽음의 땅이었다. 베트남 9군단의 군병력이 크메르루즈군을 바축 마을에서 몰아냈다. 군인들이 급한 대로 유골을 수습하였다. 이미 부패하여 형체를 알아보기 어려웠다. 그리고 온전하지 않은 유골들도 많았다. 가족들이 모두 한꺼번에 죽임을 당한 경우가 대부분이어서 사실상 유골을 수습할 사람도 없었다.

폴 포트 정권이 캄보디아에서 권력을 장악한 것은 1975년이었다. 극단적 공산주의를 내세운 크메르루즈는 4년 남짓한 통치기간 동안 자국민 약 200만 명을 학살했다. 세계사적 비극이었다. 그러나 그들의 총칼은 국경을 넘어 베트남으로까지 확장되었다. 베트남 남부 캄보디아와의 국경지대, 특히 안지앙성과 끼엔지앙(Kiên Giang)성의 마을들은 끊임없이 침략을 당했다. 바축 마을 학살은 그 절정이었다.

당시 중공은 크메르루즈 정권에 막대한 군사적, 경제적 지원을 제공하고 있었다. 중공의 입장에서는 크메르 루즈 정권이 베트남을 견제하고 남방에서 소련의 영향력 확대를 막을 수 있는 중요한 동맹이었다.

바축 마을 학살은 복잡한 국제정치에 얽히면서 일어난 비극이었다. 바축 마을 학살이 끝난 1978년 4월 30일은 베트남 남부 해방기념일 3주년이 되는 날이었다.

폴포트 정권 죄악 전시관: 참혹했던 당시를 촬영한 사진들과 칼, 대나무, 방망이 등의 학살 도구가 전시되어 있다.

3,157명이 공식적으로 희생당한 것으로 알려져 있다. 그리고 바축 묘 유적에는 1,600여 유골만이 수습되어 모셔졌다. 나머지 절반 정도는 찾을 수 없거나 찾더라도 수습할 수가 없었던 탓에 산과 들에 그대로 남겨둘 수밖에 없었다.

바축 마을 학살은 베트남을 충격에 빠뜨렸다. 베트남군은 국경을 넘어 캄보디아로 진격했고,

바축 무덤 내부: 나이와 성별에 따라 유골이 분류되어 있다. 두개골이 있는 경우에는 신원을 확인할 수 있었으나 그렇지 않은 경우에는 불가능했다. 1978년 홍수로 흙탕물이 스며들어 누렇게 변색한 유골도 있다.

1979년 1월 프놈펜을 점령하여 크메르루즈 정권을 무너뜨렸다. 하지만 국제사회는 냉담하게 반응했다. 중국은 크메르루즈를 지지하며 베트남에 대한 비난을 이어갔다. 미국과 서방 언론은 중국과의 관계 개선을 목전에 둔 상황이었던 터라 국경 충돌 정도로 사건을 은폐 축소했다. 유엔의 캄보디아 대표부는 여전히 폴 포트 정권이었다. 소련만이 베트남을 지지하는 정도였지만 그마저도 미적지근했다. 베트남은 '침략국'으로 비난을 받으며 외교적 고립과 궁지에 내몰렸다.

이러한 압박 속에서 베트남은 새로운 길을 모색하게 된다. 굶주림과 전쟁의 상흔, 국제정치의 냉대가 겹쳐진 상황에서, 살아남기 위해서는 다른 길을 열어야 했다. 남은 것은 민족적 자긍심과 가난한 인민의 힘뿐이었다.

바축 마을을 뒤로하고 다른 행선지로 이동하는데 운전기사분이 허기질 터이니 식사를 하자는 제안을 했다. 점심시간을 한참 지난 시간인데다 그마저도 얼마 되지 않는 식당은 문을 닫은 곳이 많았다. 마을을 거의 벗어나서야 문을 연 듯 만 듯 한 국숫집이 하나 보였다. 거기서 먹자고 했다. 다시 껀터까지 돌아가려면 4시간 길이었다. 선택의 여지가 없었다.

아주머니가 빠르게 분(Bún)을 만들기 시작했다. 생선을 조리거나 튀겨서 쌀국수에 얹어 만든 분까(Bún cá). 처우독에서 잡은 물고기로 만든 분까라고 했다. 처우독이라면 메콩강 물길이 막 베트남 땅으로 들어오는 곳. 프놈펜이 물길로 지척인 곳이다. 처우독의 물길과 풍광이 가슴에서 올라왔다. 오고 가는 길목인 호치민시를 빼고는 베트남 남부에서 내가 가장 오래 머문 곳이다. 그만큼 나로서는 이곳 처우독에서 무언가에 대한 답을 찾아보고자 했었다. 그리고 그곳을 꼭 선택한 것은 브우선끼흐엉운동 때문이기도 했다. 처우독에 대한 기억을 떠올리며 바축 마을을 떠났다.

바축 인근 마을 입구: 베트남 남부 캄보디아와 국경을 맞댄 마을에는 입구에 이렇게 크메르풍의 문이 세워져 있는 경우가 많다.

아이치랑: 아이치랑의 대표적인 유적지다. 관문의 역할을 하던 곳이라 외부의 침입을 경계하는 누대(樓臺)가 있었다. 다른 세력의 침략으로 전투가 벌어질 때면 치열한 접전으로 이어졌다.

랑선의 포성

하노이에서 북동쪽으로 박닌(Bắc Ninh)과 박지앙(Bắc Giang)을 지나 랑선(Lạng Sơn)성 시내에 도착하기 전, 아이치랑(Ài Chi Lăng, 隘致陵)이 있다. 우뚝 선 절벽과 산맥이 양쪽으로 줄지어 선 천혜의 요새다. 20여㎞에 이르는 거리에 이렇게 협곡이 늘어서 있다. 그중에서도 좁은 지역에 자리 잡은 아이치랑. 이곳을 막아서면 제아무리 규모가 큰 군대라 하더라도 쉽게 지나갈 수 없다. 돌파를 시도했다가는 열에 아홉은 죽는다는 말이 전할 정도다. 그 때문에 북방의 적들이 쳐들어올 때마다 베트남의 군대는 이곳에 진을 치고 방어선을 구축한 격전지였다. 이곳을 지나면 하노이까지 통과해야 하는 큰 산악지대는 없다. 여러 강줄기가 막아설 뿐이다. 게다가 하노이까지는 140㎞가 채 안 되는 거리다. 그래서 치랑 고개는 늘 수도 하노이를 보호하는 관문 역할을 했다.

이렇게 산과 물은 약한 베트남이 강한 적들에 맞서 싸우는 데 유리한 방어물로 작용했다. 아니 그보다는 오래전부터 실패를 거듭하는 과정

동당포대: 정상 부근에는 벙커를 비롯한 동당포대의 흔적이 일부 남아 있기는 하지만 거의 부서지고 풀들만 무성하게 자라나 있다.

을 통해 산과 물, 요컨대 치산치수를 국방에 활용하는 지혜를 축적한 덕분에 인민과 국가를 보호할 수 있었다는 해석이 더 적확할 것이다.

981년 레호안(Lê Hoàn)이 송나라 군대를 물리치고, 1076년에 다시 송의 30만 침략군을 방어했을 뿐만 아니라, 1285년 원에 항복한 앞잡이 쩐끼엔(Trần Kiện)을 신궁이었던 응웬디아로(Nguyễn Địa Lô) 장군이 활을 쏘아 떨어뜨린 장소 또한 이곳이다. 이어지는 1287년 원에 맞서 싸운 곳도 바로 여기다. 1407년 명의 20만 대군의 침략을 받은 곳도, 1427년 다시 명의 10만 대군을 전멸시킨 곳도 여기다. 1788년 청의 침략도 치랑 마을을 통해서였다.

베트남 역사에서 외세에 맞서 싸울 때마다 하는 말이 있다. 약함으로 강함을 이기고 소수로 다수를 이긴다. 그런데 어떻게 그것이 가능했던 것일까?

치랑 마을 고개에는 악마의 얼굴이라는 산이 있다. 이곳을 요새로 건설한 인물은 응오꾸엔(Ngô Quyền)으로 알려져 있다. 성채와 해자,

동굴과 지하터널 등이 만들어졌고, 레(Lê) 중흥조에 이르러서는 무기 저장소도 만들어졌다. 밀림으로 둘러싸인 험준한 산이다. 프랑스의 식민 지배에 맞서 독립군을 이끌던 따이(Tày)족의 지도자 까이낀(Cai Kinh)도 이곳을 근거지로 활약했다.

치랑 마을을 지나고 랑선 시내를 거슬러 국경지대로 바짝 오르면 동당(Đồng Đăng) 마을이 나온다. 이곳은 북에서 랑선으로 들어오는 관문이다. 동당 포대는 랑선에서도 가장 치열하게 중공군과 전투를 벌인 곳이다.

동당 마을에서 집들이 늘어선 조그만 길을 따라 동산을 오르자 동당 포대가 나타났다. 인근 지역이 훤히 내려다보이는 곳이었다. 끊임없이 나지막한 불경 소리가 울리고 있었다. 남모아지다펏(Nam Mô A Di Đà Phật, 나무아미타불). 그곳을 관리하는 아주머니는 대뜸 나를 보고

동당포대 제단: 1979년 2월 조국을 지키기 위해 동당의 전장에서 희생된 인민과 영웅 열사를 영원히 잊지 않겠다는 비석이 세워져 있다. 제단은 포격으로 무너진 거대한 벙커 잔해물을 그대로 보존한 사이에 마련되었다.

향을 피워 올리라고 했다. 많은 중국인이 여기 누워 있다고 윽박지르듯 다그쳤다. 그곳을 찾은 나를 중국인이라고 본 것이다.

이곳 랑선은 베트남 땅. 하지만 오래전부터 중국과의 교류가 빈번한 국경지대다. 내가 한국인이라고 하자 아주머니는 슬며시 목소리가 누그러들었다. 그녀가 전한 격한 감정이 이곳 베트남 사람들의 마음이라는 생각이 그대로 들었다.

평화롭지만 뭔지 모를 묘한 긴장감. 1992년에야 중공과의 전쟁을 마쳤으니, 그 기억을 가진 사람들이 품고 있을 긴장감일 것이다. 그것은 곧 언제 다시 그런 전쟁이 일어날지 모른다는…

1979년 2월 17일 새벽, 수만 발의 포격과 함께 중공 인민해방군 20만 명이 선발대로 라오까이(Lào Cai), 까오방(Cao Bằng), 그리고 랑선의 세 갈래에서 동시에 국경을 넘어왔다. 그 가운데 가장 큰 불길은 하노이로 들어서는 관문인 랑선으로 쏟아졌다. 선전포고조차 없는 공격으로 랑선 시내는 완전히 파괴되었다. 랑선 시내로 들어오는 관문인 동당 요새는 첫날부터 집중포화를 맞았다. 요새는 부서지고 병사들의 주검은 포대를 산산이 뒤덮었다.

중공은 연이어 30만~40만에 이르는 병력을 동원했다. 한국 전쟁 참전 이후 최대 규모였다. 베트남은 정규군 가운데 캄보디아 주둔군과 국경지대의 병력을 뺀 약 10만~20만 명이 이들 중공군의 침략에 맞서 싸웠다.

중공군은 밀고 밀리면서 엄청난 손실을 입었지만 랑선 시내를 향해 밀고 내려왔다. 2월 하순부터 3월 초 사이 전투는 더욱 격렬해졌고, 동당 요새가 무너진 뒤 3월 초에 이르면 시가전 끝에 랑선 시내가 중공군의 수중에 떨어졌다. 중공은 3월 6일 일방적인 '징벌 임무 달성'을 선언

동당역: 중국으로 이어지는 기찻길 역. 19세기 말에서 20세기 초, 프랑스 식민 정부가 베트남 북부 지역에 철도를 부설하면서 세운 역이다. 1970년대 베트남전쟁이 한창일 때 이곳을 통해 무기를 비롯한 물자들이 베트남으로 들어왔다.

했고, 곧 철수를 시작했다. 이어 3월 중순까지 순차적으로 국경 밖으로 물러났다. 점령은 짧았지만 도시는 잿더미가 되었고, 민간인의 피해는 형언할 수조차 없었다.

겉으로 보기에 전쟁은 그렇게 막을 내리는가 싶었다. 하지만 포성은 그칠 줄 몰랐다. 중공군의 철수 이후에도 베트남 북부 국경에서는 크고 작은 충돌이 이어진 것이다. 포병전, 소부대 침투, 정찰과 고지 쟁탈이 예고 없이 반복되었다. 전선은 라오까이·까오방·랑선에 걸쳐 있었지만, 특히 하지앙(Hà Giang)과 까오방, 그리고 랑선 주변에서 '지구전'이 일상화되었다. 이 장기전 가운데 규모가 가장 크고 상징적인 것으로는 1984년의 비쒸엔(Vị Xuyên)전투를 꼽을 수 있다.

랑선시내 깃대(위)와 룽꾸 깃대(아래). 랑선시내 깃대는 2014년에 만들어진 랑선 시내에 우뚝 솟은 파이베산 정상의 깃대이다. 이 산은 랑선 사람들이 중공군의 폭격을 피하던 피난처이기도 했다. 하지양성 북쪽 끝에는 이곳이 베트남 최북단임을 알리는 룽꾸(Lũng Cú) 깃대가 세워져 있다.

1979년 이후 베트남의 북부 국경지대는 늘 긴장 상태를 유지했다. 중공은 끊임없이 포격을 하고 국경수비대나 지방의 군대를 동원하여 베트남의 국경초소를 공격했다. 1984년 4월 28일, 중공은 대대적으로 비쒸엔지역에 대한 공격을 감행했다. 1984년부터 1989년까지 중공은 약 50만 명의 병력을 동원했으며, 20여 보병사단과 171개의 보병연대와 대대, 3개의 포병사단, 수많은 전투 지원 차량을 투입했다. 이러한 공격은 하지앙과 뛰엔꽝 지역에 집중되었다. 중공이 전면전을 피하면서 이 지역을 집중적으로 공격한 이유는 산악지대의 국경선을 최대한 늘리기 위한 전략적인 것이었다. 게다가 이 지역에 대한 공격은 만일의 사태를 대비한 다른 국경지대의 베트남 군 병력을 늘리는 효과도 있었다. 이는 군비를 소모시켜 베트남의 경제에 타격을 주기 위한 조치였다.

　　랑선을 공격할 경우 전면전이 되거나, 국내외의 여론이 악화될 수 있었다. 하지만 이곳 산악지대는 국내외적으로 큰 관심을 두지 않았다. 단지 10여 년 동안 이어진 전투로 수많은 병사들이 죽어갈 뿐이었다. 가장 격렬한 시기에는 3일 동안 중공군의 포탄 10만 발이 하지앙 시내와 비쒸엔 지역에 쏟아지기도 했다.

　　1989년 5월 15일 오전 중공군은 베트남 영토 내에 구축하고 있던 그들의 벙커 20여 개를 폭파하고 철수를 시작했다. 1979년부터 이어진 전투와 1984년 부터 다시 이어진 전투로 이 지역 수백개의 마을은 완전히 사라졌다. 논밭과 언덕, 산조차도 포격으로 무너져 내리고 폭발물이 곳곳에 설치되었다. 1984년부터 몇 년 사이에 4000여 명의 베트남군이 사망하고 수천 명이 부상당했다. 이들의 유해는 찾을 수 없었고, 묘비에는 여전히 이름이 없다.

랑선시내 성: 15세기 무렵에 지어진 것으로 추정되는 랑선 시내의 성터에는 성벽이 남아 있다. 랑선은 기원전부터 중국과 베트남을 가르는 중요한 관문이었다. 자주 전쟁이 일어났지만 평화로운 때에는 국경무역 시장이 열렸다.

베트남은 그 뒤로도 1989년까지 캄보디아에 주둔했고, 중공의 '징벌' 의도와 달리 캄보디아 문제는 중공의 뜻대로 풀리지 않았다. 베트남과 중공은 1990년 9월 청두 비공개 회담을 거쳐 1991년 11월 양국 국교 정상화를 공식 발표하였다. 국경지대에서는 1992년까지 양측의 철수와 현장 정리가 이루어졌다. 이후 1993년부터 대규모 지뢰 제거가 본격화되었고, 국경무역이 점차 재개되었다. 치열한 전쟁터였던 랑선은 다시금 국경 무역도시로 변모하기 시작했다.

바축과 랑선은 두 개의 거울처럼 통일 베트남의 운명을 비추었다. 하나는 남부에서 이웃 민족의 칼날이 베트남인을 향한 참극으로 나타

동반열사비: 하지앙성 동반(Đồng Văn)현에 세워진 열사 기념비. 국경전쟁에서 희생된 수많은 무명열사와 이름이 있는 열사들을 추모하는 기념비가 곳곳에 세워져 있다.

난 경우고, 다른 하나는 북부에서 형제 사회주의 국가의 포격이 국경을 불태운 경우였다. 동서남북 어디에서도 평화를 기대할 수 없는 상황이었다. 이것이 1970년대 후반과 1980년대 초반 베트남의 실상이었다. 그리고 무엇보다 이 전쟁이 베트남에 끼친 가장 큰 영향은 극심한 경제적 정체를 초래했다는 점이다. 1980년대 중반까지 베트남은 세계에서 가장 가난한 나라로 꼽혔다. 1986년 도이머이 정책을 공식화할 무렵 베트남의 1인당 GDP는 84달러였다. 이는 같은 해 북한의 GDP인 805달러의 1/10 수준이었다.

그런데 역설적으로 이 위기는 새로운 길을 모색하는 계기로 이어졌다. 군사적 충돌, 경제적 봉쇄, 외교적 고립 속에서 베트남은 더 이상 과거의 방식으로는 살아갈 수 없음을 자각하게 된 것이다. 계획경제의 경직성은 인민을 굶주리게 했으며 전쟁의 상흔은 사회를 무너뜨렸다. 살아남기 위해서는 체제는 물론이고 사고를 송두리째 바꾸어야 했다. 그것이 곧 도이머이의 싹을 피우는 역사적 배경이 되었다.

도이머이는 한편 바축과 랑선, 두 국경의 비극에서 태어난 생존의 몸부림이었다. 사람을 살리기 위해, 공동체를 지키기 위해, 과거의 낡은 사고방식을 버리고 새로운 길을 열어야 한다는 결단. 베트남 사람들은 그것을 도이머이라 불렀다.

호치민, 30년 만의 귀환

베트남독립동맹회의 결성

베트남선전해방(군)대의 창립

8월혁명

2

베트남독립동맹회의 결성

하노이에서 북쪽으로 300㎞ 떨어진 이르며 험준한 산맥을 넘어야 닿을 수 있는 곳. 까오방(Cao Bằng)은 중공과의 국경지대이자 베트남 북부의 오지다. 산줄기가 병풍처럼 둘러서 있고, 그 사이사이에 작은 마을들이 흩어져 있다. 길은 협곡을 따라 굽이치며 이어지고, 강은 돌과

팍보 동굴: 30년 만에 귀환한 호치민이 몸을 숨기고 지내던 동굴. 저 나무판자 위에서 잠을 자거나 업무를 보았다.

석책상(좌) : 팍보 동굴에서 조금 내려오면 흐르는 개울가에 바위로 책상을 만들어 놓았다. 이곳에 앉아 타자기를 놓고 글을 쓰며 때를 기다렸다. **음수사원(우)** : 나무가 온통 하늘을 가리고 가파른 산길이 이어지는 이곳에서 호치민은 물을 마시며 음수사원(飮水思源)을 했을 것이다.

숲 사이를 비집고 흐른다. 첩첩산중인 이곳은 지정학적으로 외세의 침입을 막는 방패 역할을 해주는 한편 내부적으로는 혁명의 불씨를 조용히 피우기에 안성맞춤인 곳이다.

호치민은 1941년 1월 28일, 산을 넘고 물을 건너 은밀하게 조국의 땅 까오방으로 들어온다. 1911년 사이공항을 떠난 지 30년 만에 처음 밟는 조국의 땅이었다. 그는 까오방에서도 북쪽에 있는 산악지대에 마련된 근거지에 머물렀다. 이곳은 눙(Nùng)족, 따이(Tày)족 등 산악지대에서 살아가는 소수민족의 터전이었다.

까오방에서도 가장 상징적인 곳은 팍보(Pác Bó) 동굴이다. 이곳은 호치민이 귀환 직후 은거하며 혁명을 준비한 장소이기 때문이다. 동굴 안에는 작은 나무 침상이 있었다. 호치민은 개울가의 돌 위에 앉아 글을 쓰고, 낚싯대를 드리우기도 했다.

이 작고 어두운 동굴은 그가 30년 만에 부활한 장소다. 여기서 그는 베트남독립동맹회를 결성하고 베트남선전해방(군)대를 조직했다. 그는 또 마르크스산(Núi Các Mác)이 서 있고, 레닌시내(Suối Lê Nin)가 흐르는 비탈에 앉아 베트남의 현안과 미래에 대해 고뇌하면서 타자기를

레닌시내: 호치민은 레닌의 〈민족·식민지 문제에 대한 테제〉를 접하고 비로소 베트남 독립을 위한 희망의 실마리를 찾을 수 있었다.

두드리며 문건을 만들었다. 한 손에는 담배를, 어쩌다 다른 손으로 이마를 짚었다.

귀환 직후 호치민이 가장 먼저 한 일은 민족 통합의 기구를 만드는 것이었다. 그동안 만들었던 조직은 모두 베트남 땅이 아닌 곳에 있었다. 베트남공산당조차 1930년 2월에 홍콩에서 창당한 터였다.

1930년 2월 3일부터 호치민의 주도하에 안남공산당, 인도차이나공산당, 인도차이나공산주의자동맹의 대표를 소집하여 '베트남공산당'의 단일 조직으로 통합했다. 그간 세 그룹은 대립을 계속해 오던 참이었다. 그런데 코민테른은 인도차이나 전 지역을 포괄해야 한다고 요구한다. 그에 따라 1930년 11월 쩐푸(Trần Phú) 서기장을 중심으로 베트남공산당은 부득불 인도차이나공산당으로 명칭이 바뀌게 된다.

1930년대 세계대공황의 여파는 베트남에도 밀어닥쳤다. 이런 상황에서 민족주의 정당인 베트남국민당은 북부 옌바이(Yên Bái)에서 봉기를 일으키지만 프랑스군에 의해 진압되어 버린다. 이러한 봉기의 여파 속에서 베트남 중부의 응에안(Nghệ An)과 하띤(Hà Tĩnh) 두 성에서는 1,500명의 당원과 동조자 10만 명이 모여 인도차이나공산당의 지도하에 응에띤(Nghệ Tĩnh) 소비에트를 결성한다. 하지만 당시 인도차이나공산당은 전국에 당의 지방기관 정도만 설치했을 정도로 조직이 엉성한 상황이었다. 이 소비에트는 불과 3개월도 되지 않아 프랑스군의 총칼 앞에 괴멸되고 만다.

실패의 원인은 기근을 비롯한 여러 불리한 상황이 겹친 것도 있지만, 무엇보다 지식인과 부농, 지주, 지방 유지들을 철저하게 배제한 채 계급투쟁을 내세운 인도차이나공산당의 노선에서 찾을 수 있다. 이러한 노선 문제는 당연히 코민테른의 지시를 그대로 따른 데서 비롯된 결과였다.

1941년 5월, 팍보 인근 쿠오이남(Khuổi Nặm)으로 인도차이나공산당 중앙위원들이 모여들었다. 제8차 중앙전원회의가 호치민이 머물던 곳에서 개최된 것이다. 이 회의에서는 프랑스 식민 지배와 일본 군정이라는 이중 지배 권력 아래에서 민족해방을 최우선의 임무로 채택했다. 온 국민의 역량을 반프랑스·반일 통일전선으로 확장하자는 것이었다. 그 결과 5월 19일 범민족적 통일전선인 베트남독립동맹회가 공식 출범하게 된다. 베트남독립동맹회의 결성은 베트남 독립 해방운동에 거대한 전환점이 되었다. 인도차이나공산당은 코민테른과 실질적 관계가 단절된 상황에서 호치민의 민족 독립과 해방의 노선을 함께 걷게 된 것이다. 여기서는 일본과 프랑스의 공동지배를 타도하여 독립을 달성하는 반제국주의 투쟁과 더불어 당면한 혁명의 성격을 민족해방혁명으로 규정하고 있다. 그리고 인도차이나 차원의 독립이라는 방침은 인도차이나의 3국이 각각 독립을 추진하는 방침으로 바뀌었다. 이에 따라 베트남의 독립을 위한 민족통일전선 조직으로 베트남독립동맹회를 결성한다는 결정을 내리게 된다.

베트남독립동맹회는 프랑스군과 앞잡이들의 눈을 피해 마을마다 비밀스럽게 조직을 만들어 나간다. 그리고 마을간 연락망을 구축했다. 농민들은 쌀과 옥수수를 내어주었고, 여성들은 옷을 꿰매어 주면서 동참했다. 산에서 뛰어다니던 아이들은 전령이 되어 산과 계곡을 넘나들며 소식을 전달했다. 혁명의 불길은 이렇게 살아가는 인민의 삶에서, 마을에서, 일상 속에서 타올랐다.

베트남독립동맹회는 향후 건설할 국가의 요체였다. 새로운 국가는 오직 공산당 세력만이 존재하는 국가가 아니었다. 다양한 세력이 참여하여 대단결로 이루어지는 국가였다. 따라서 당과 국가는 직접적으로 연결되지 않는다. 8월혁명 당시에도 인도차이나공산당원은 옥중에 있는 사람들까지 합친다 해도 5천여 명에 불과했다. 이들이 2천 4백만 전국민을 봉기하여 승리로 이끌었다.

1941년 후반에 이르면 까오방 성내에는 많은 '안전(安全)'촌이 출현하며, 1942년에는 '안전현'의 단위로까지 확대된다. 이러한 '안전구'는 그 지역에서 살아가는 인민 대부분이 혼연일체가 된 상태로 언제 어디에서나 안전한 지역이라는 의미를 담고 있다.

그러니 1941년 말의 대탄압을 시작으로 프랑스군의 토벌대가 무수히 까오방성에 쳐들어왔으나 그때마다 베트남독립동맹회의 정체는 묘연했다.

점차 탄압은 가혹해졌다. 결국 의심스러운 마을은 불살라 버리고 강제로 촌락을 건설하여 몰아넣는 방식이 등장했다. 이에 맞서 베트남독

흐몽족 왕궁: 사핀 마을에는 이 일대를 다스리던 흐몽족 왕이 거주하던 왕궁이 있다. 브엉친득(Vương Chính Đức), 1865-1947)에 이어 그의 아들 브엉치신(Vương Chí Sình, 1886-1962) 역시 프랑스와 일본, 그리고 중국국민당 등의 회유를 거부하고 호치민을 따라 혁명의 길에 나섰다.

립동맹회는 이 강제 촌락에 비밀 조직을 만들어 대항했다. 이 구상은 훗날 미국과 베트남공화국이 운영한 전략촌의 선구적인 형태였다. 다시 말해 이는 마을 사람들을 강제로 이주시켜 그 촌락 전체에 울타리를 3중으로 둘러치고 감시하는 체제라고 보면 될 것이다. 한마디로 자유로운 출입이 불가능한 감옥과도 같았다.

이 시기에 일본은 베트남의 농업을 완전히 파괴해 버렸다. 벼와 옥수수보다 전쟁물자로 쓸 수 있는 작물을 강제로 재배시켰다. 증세와 소금·아편·알코올의 전매, 공채, 기부금, 복권 등으로 베트남 인민의 삶을 질식시켰다. 일본군의 쌀과 군수물자의 징발은 가혹하기 짝이 없었다.

일본군은 정치적으로 베트남에 대한 지배를 프랑스에 위임하고 있었지만, 실질적으로 교묘하게 감시하고 있었다. 베트남 내의 지지세력을 구축하면서 프랑스를 견제하기도 했다. 베트남 복국동맹회, 까오다이(Cao Đài)교, 호아하오(Hòa Hảo)교 등의 정치와 종교 단체를 비롯한 응오딘지엠 등의 우익 정치가를 배양하고 친일파 세력을 육성하는 데 노력을 기울였다. 민족분열정책이었다.

베트남선전해방(군)대의 창립

베트남선전해방(군)대(Đội Việt Nam Tuyên truyền Giải phóng quân)는 1944년 12월 22일에 까오방성 응웬빈(Nguyên Bình) 현의 '쩐흥다오(Trần Hưng Đạo) 숲'에서 창립되었다.

바로 사흘 뒤인 12월 25-26일, 부대는 프랑스 식민 당국의 초소 두 곳인 파이캇(Phai Khắt)과 나응언(Nà Ngần)을 연속 기습 공격해 지휘 장교를 사살·포로로 잡고 무기를 노획했다. 이 승리는 규모면에서는 작 았으나 산중과 장터 사람들의 입에서 입으로 전해져 소문을 타기에는 충분했다.

파이캇 초소에 대한 공격은 12월 24일 오후 5시에 이루어졌다. 탄약 고를 점령하고 전원을 포로로 붙잡는 데 성공했다. 외출에서 돌아오던 프랑스인 대장은 사살되었다. 하지만 목적은 살상이 아니라 선전에 있 었다. 선전은 포로가 된 적군의 입을 통해 전파되는 것이 더욱 효과적이 었다.

전투는 매우 신속하게 진행되어 불과 10분 만에 종결되었고 30분 후 에 부대는 초소 문에 "우리들은 베트남독립동맹회와 함께 일본군을 공 격하기 위해 떠난다."라는 프랑스어 게시문을 남기고 포로와 함께 철수 하였다.

안전지대까지 철수한 후에는 포로들에게 베트남 국내정세와 인민의 임무를 설명하고 총구를 일·불 제국주의자들에게 돌리도록 설득했다. 귀향을 원하는 자에게는 여비를 지급하고 남기를 희망하는 우수한 포 로는 부대의 보충병으로 충원하였다. 프랑스군에는 베트남인 프랑스군 이 상당수 있었기 때문에 가능한 일이었다. 베트남선전해방대에는 3명 의 여성 대원도 있었는데, 이들은 따이족의 언어를 사용하는 사람들이었다.

흔히 무장선전대로 알려진 이 조직은 34명의 최정예 특수 요원을 선발하여 창설되었다. 이들 각각의 배후에는 자신의 근거지에 수천 명의 무장세력이 그들을 떠받치고 있었다. 34명의 베트남선전해방대는 야전 경험이 풍부한 집단으로 각각 소령과 중령에 해당하는 지도자급 군인들이었다.

베트남선전해방대는 무장을 한 채 마을을 방문하여 강연회를 열고

하지앙 소수민족 나들이: 시장이 열리면 사람들은 먼 곳에서 낮과 밤을 가리지 않고 며칠씩 걸어서 오기도 한다. 이들은 시장에 모여 물건뿐만 아니라 온갖 소식을 나누고 전한다.

투쟁의 역량을 모으는 역할을 담당했다. 뿐만 아니라 이들은 직접 전투에 나서 인민에게 승리하는 모습을 보여주기도 했다.

베트남에서의 전쟁은 전선과 후방이 구별되는 전선 전쟁이 아니었다. 모든 인민이 참여하는 인민의 전쟁이었다. 보응웬지압(Võ Nguyên Giáp)은 이렇게 말한다.

"게릴라전은 장비와 기술이 더 우수한 침략군에 맞서 봉기한, 약하고 장비가 빈약한 나라 인민들, 즉 대중들의 전투 형태입니다. 이는 영웅적 정신에 의존하여 현대 무기를 이겨내는 혁명 전쟁 방식이며, 적이 강할 때는 피하고, 약할 때 공격하며, 때로는 병력을 분산하고 때로는 재집결하고, 때로는 적을 소모시키고 때로는 섬멸하며, 적이 가는 곳마다 무장한 인민의 바다 속에 잠겨 그들이 반격하도록 하여 그들의 정신을 훼손시키고 힘을 소진하도록 결의하는 방식입니다. 적이 어디를 가든 그곳이 전장이 되도록 싸우는 것입니다. 적을 소모시키기 위해 분산시켜야 하는 부대 외에도, 유리한 조건에서 대규모 무장 병력을 재집결시켜 특정 지점과 특정 시점에서 압도적인 우위를 확보하고 적을 섬멸하는 것이 필요합니다. 많은 작은 전투들에서의 성공들이 합쳐져 점진적으로 적의 인력을 소모시키는 동시에, 우리의 역량을 조금씩 키워나갔습니다. 전투의 주된 목표는 적의 인력을 파괴하는 것이어야 하며, 우리의 인력이 토지를 지키거나 점령하려 노력하는 데 소모되어서는 안됩니다. 이는 결국 최종적으로 적 전체 병력을 섬멸하고 우리 나라를 해방할 조건을 조성합니다. 게릴라전은 명백히 우리 저항 전쟁의 특성과 완전히 부합하는 전투 형태였습니다."

타이응웬 누이꼭 호수(좌): 타이응웬은 홍강의 너른 평야와 산악지대가 나뉘는 곳에 있다. 철광석이 많고 안개가 자욱하여 차나무가 잘 자라고 그 품질이 뛰어나다. 누이꼭은 타이응웬 지역의 대표적 산정호수다. **뛰엔꽝 나항 호수(우)**: 지금은 호수가 되었지만, 예전에는 검(Gâm) 강이다. 중국에서 발원하여 까오방과 하지앙을 지나 뛰엔꽝에서 다른 지류와 합수하고 북부 평야를 향해 흐른다. 중국은 과거 이 강을 통해서도 침략해 들어오곤 했다.

8월혁명

까오방과 맞닿아 있는 타이응웬(Thái Nguyên), 뛰엔꽝(Tuyên Quang) 일대의 첩첩산중은 외부의 침입으로부터 안전한 피난처였다. 베트남독립동맹회 세력은 점차 까오방에서 인근 산악지역으로 퍼져나갔다. 안전구가 점점 확대되었다. 하지만 안전구의 기후는 습하고 지형은 험했다. 여름에는 더위에 비가 자주 내려 산사태가 일어났고, 겨울에는 칼바람이 몰아치고 서리가 내렸다.

껌람(Cơm lam)은 대나무에 쌀을 넣고 불에 구워서 익힌 대나무통밥이다. 따로 그릇이 필요치 않고, 휴대가 편하다. 안전구가 있는 산악지대 사람들은 옛부터 껌람을 먹었다. 흐르는 시냇가에 앉아 묶어 놓은 껌람을 허리춤의 소금에 찍어 한끼를 해결한다. 소금에 땅콩을 부숴넣어 먹는다면 훨씬 고소하다. 은밀하게 이동하면서 한 끼를 해결하는 데 제격인 식사다. 끼니때마다 불을 피울 필요가 없었기 때문이다. 안전구 산악지대는 논이 많지는 않았지만, 사람도 많지 않았기 때문에 쌀이 크게 부족하지 않았다. 숲에는 다른 먹거리들도 있었다. 최근에는 차를 대

껌람: 지금도 이곳 사람들은 껌람을 일상에서 흔히 먹는다.

나무통에 넣어 훈제한 제품을 시중에서 볼 수 있었다.

본격적으로 안전구는 1945년에서 1954년까지 호치민을 비롯한 베트남 독립동맹회 지도부가 프랑스군에 맞서 독립운동을 지휘했던 전략적 요충지이자 요새로 확장되었다. 그곳에는 울창한 숲과 수많은 동굴이 있고 맑은 물이 흐르며 곳곳에 논이 있다. 거대한 성벽이나 요새는 없지만, 이렇게 자연과 사람이 거대한 울타리를 만든 곳이 안전구다. 까오방의 동굴을 나온 호치민은 점차 활동 범위를 넓혀 뛰엔꽝에 안전구를 건설한다.

1947년 프랑스가 하노이를 재점령하자, 호치민과 지도부는 다시 산악 지대로 물러났다. 이때 선택된 곳도 바로 이곳 안전구였다.

프랑스 식민정부는 호치민을 제거하기 위해 암살조직은 물론 군대를 동원해 끊임없이 까오방과 인근 산악지대를 공격했다. 하지만 그들은 별다른 성과를 낼 수 없었다. 안전구란 그런 곳이었다.

베트남독립동맹회의 조직망이 전국으로 퍼지고, 베트남선전해방대가 마을과 싸움터마다 씨앗을 뿌리면서 점차 전국의 자생적 조직과 운동들을 결집할 시기를 맞이하게 된다. 호치민은 좋은 때를 잘 감지하고 그 때를 놓치지 않는 인물이다.

1944-45년 베트남 북부에는 대기근이 들었다. 게다가 일본의 전시 동원과 프랑스 식민행정의 공출, 태풍과 냉해까지 겹치면서 200만에 이르는 사람들이 굶어 죽었다.

베트남독립동맹회는 "쌀 창고를 부수고 굶주림을 해결하라!"는 구호를 내걸고 마을 단위의 구휼과 자치를 조직했다. 혁명은 밥 한 그릇으로 시작되었다.

1945년 3월 9일, 일본이 프랑스 식민당국을 무장해제시키며 베트남 전역에 거대한 권력 공백이 생겼다. 연합국이 일본을 공격한다면 베트남에서도 프랑스 식민정권은 연합군의 편에서 일본을 공격할 것이라는 판단 때문이었다. 쩐쫑낌(Trần Trọng Kim) 내각은 일본 군정의 보호 아래 '베트남'의 외피를 유예하려 하였으나 실질적으로 행정력은 여기저기서 갈라지고 부서졌다.

일본이 연합국에 항복하자 베트남독립동맹회는 '기회를 놓치지 말라'는 지령을 내렸고, 8월 16–17일에는 전국에서 숲길과 골짜기를 넘어 60여 명의 대표자들이 뛰엔꽝(Tuyên Quang) 안전구의 떤짜오(Tân Trào)로 집결했다. 이때 호치민은 베트남의 북부·중부·남부의 대표 및

안전구 중앙당: 중앙당도 방공호에서 반프랑스 독립운동을 이끌었다.

란나르어(좌): 1945년 5월부터 8월까지 호치민이 머물던 곳이다. 여기에서 호치민은 몇 번에 걸쳐 유언을 남길 만큼 사경을 헤맸다. 이 지역에 사는 소수민족의 노인이 숲에서 구한 약초를 먹고 그는 며칠 만에 병석을 박차고 일어나 8월혁명을 지휘할 수 있었다. **딘홍타이(우)**: 딘홍타이(Đinh Hồng Thái)는 호치민이 까오방을 떠나 뛰엔꽝의 떤짜오에 처음 들어와서 머물렀던 곳이다. 원래는 이 마을의 사당이었다.

재외 베트남인 대표, 각 정당과 당파의 대표, 종교의 대표, 여러 민족의 대표를 모두 소집하는 데 심혈을 기울였다. 국내외적으로 정통성을 확보하기 위한 조치였다. 이 대회에서 임시민족해방위원회 성격을 가진 임시정부의 골격을 갖추었고 전국적인 봉기 방침이 확정되었다. 호치민은 임시정부 주석으로 추대되었다.

이 자리에서 사람들은 독립을 위한 전국적인 봉기를 준비하고, 새로운 국가의 비전을 논의했다. 무엇보다 전국 여러 세력의 역량을 하나로 결집하는 것이 중요했다.

이렇게 베트남의 8월혁명이 시작되었다. 8월 19일 하노이에서 총궐기가 성공한 데 이어 8월 23일 훼와 8월 25일 사이공에서의 궐기도 성공을 거둔다. 전국적으로 빠르게 일본과 그 앞잡이 정권을 무력화시키고 인민의 정권을 수립하였다. 중앙에서 지방까지 전국적으로 인민이 주체가 되어 새로운 정권을 수립한 것이다.

바오다이(Bảo Đại) 황제는 8월 25일 퇴위를 선언했고, 8월 30일 응

안전구 당 회합장소(좌): 1945년 8월 13일부터 15일까지 이 숲에서 당의 전국 간부회의가 긴박한 분위기 속에서 개최되었다. **딘펀짜오(우)**: 1945년 8월 16일과 17일 이곳에서 8월혁명과 새로운 정부 수립을 위한 전국대표자대회가 열렸다.

웬왕조의 인장과 검을 인계했다. 산과 골짜기에서 주도면밀하게 준비한 혁명의 기운이 하노이와 훼 및 사이공 도시의 광장을 며칠 만에 뒤덮어 버린 것이다.

　일본과 프랑스군의 큰 저항없이 하노이에 들어 온 호치민은 그동안 구상했던 일들을 발빠르게 실행해 나갔다. 9월 2일, 그는 바딘광장에서 독립선언서를 낭독하며 베트남민주공화국의 탄생을 알렸다.

　8월혁명으로부터 도이머이에 이르기까지 베트남 혁명은 마르크스·레닌주의의 원리에 입각하면서도 베트남의 특수한 상황에서 주관적 역량을 발휘해야만 했다. 베트남은 가난한 농업국가에서 자본주의적 발전단계를 거치지 않고 직접 사회주의로 나아가는 길을 선택해야 했다. 그것도 거의 맨주먹으로 나아가야 했다. 그래서 자신의 뿌리와 그 인민의 역량으로부터 동력을 끌어올려 나아가는 길 밖에 없었다. 그런 배경 때문에 마르크스·레닌주의의 이론이 베트남에 그대로 적용되는 것은 위험했다. 베트남의 혁명 과정에서 마르크스와 레닌의 이론을 담은 문

바딘광장: 9월 2일 이 광장에서 호치민은 독립선언문을 낭독하고 베트남민주공화국을 선포한다. 그 자리에 지금은 호치민이 누워 있다.

건들이 아닌 1927년 호치민이 쓴 『혁명의 길』이 가장 중요한 텍스트가 된 이유도 그 때문이다.

　『혁명의 길』은 가장 먼저 '혁명가의 자격'이라는 도덕적 가치를 강조하면서 시작된다. 거기에는 자신에게는 근면하고 검소하며, 사심없이 화합하며, 자신의 잘못을 과감하게 고치며, 조심스럽지만 자신감이 없지 않으며, 질문을 잘 하며, 인내하며… 등의 내용이 담겨 있다. 그리고 다른 사람을 대할 때 개인에게는 포용적이고 단체에게는 엄격하며 지식을 나누고 정직하고 난폭하지 않아야 한다는 등의 내용이 들어 있다. 이와 더불어 일을 할 때는 꼼꼼하게 환경을 살피고, 결단하고, 용감해야 한다는 등의 항목이 들어 있다.

　'혁명'에서는 "안남이 프랑스를, 인도가 영국을, 고려가 일본을, 필리핀이 미국을, 중국이 제국주의를 물리치고 각 나라의 인민이 자유권과 평등권을 쟁취하는 것은 민족 혁명이다. 어느 나라를 막론하고 이 세계에 있는 모든 농민과 노동자와 인종은 한 가족의 형제처럼 단결하고 이 세계의 자본주의를 물리치고 천하의 대동을 실현하는 것이 세계 혁명이다. 이 두 개의 혁명은 다르다. 왜냐하면 민족적인 혁명은 계급을 분리하지 않고 사농공상(士農工商)이 한 마음으로 강권을 물리치는 혁명이고, 세계의 혁명에는 무산 계급이 먼저 앞서기 때문이다. 그렇지만 이 두 혁명은 연관성이 있다. 예를 들어서 안남 민족이 성공적으로 혁명을 하면 프랑스 농민과 공인이 보다 쉽게 계급 혁명을 일으킬 수 있게 된다. 그리고 프랑스 농민과 공인이 성공적으로 혁명을 하면 안남 민족도 자유를 얻을 수 있게 된다."라고 말한다. 이는 호치민이 민족혁명과 세계혁명을 어떻게 결합할 것인가의 문제에 대해 얼마나 고민했는가를 알 수 있는 대목이다. 그의 말에 따르면 민족과 계급은 혁명에서 서로 모순관계가 아니다.

"우리 상황에서 민족적인 것은 민중적이고 민중적인 것은 민족적일 수밖에 없습니다."라는 박현채 선생의 묘비명을 떠올리게 한다.

더구나 베트남은 세계 최강의 군사력과 경제력을 보유한 미국과 전쟁을 벌이는 동시에 남부를 해방시키고 북부에서는 사회주의 혁명을 지속해야 했다. 이러한 역사적 조건을 헤치고 나아간 베트남으로서는 그 사상의 예리함이 갖추어져 있어야 했고, 그 사상은 다른 곳에서는 찾아보기 어려운 베트남의 창조적 역량이 담긴 것이어야 했다.

그 역량은 베트남의 오랜 역사적 경험으로부터 도출된다. 그러므로 이 시기를 올바로 이해하기 위해서는 그 이전 시기의 베트남의 역사적 경험과 특수성 및 보편성을 고찰하는 것이 큰 도움이 된다. 그런 입장에서 도이머이의 사상적 토대를 살피는 데 유교와 불교를 비롯한 전통적 사유를 함께 들여다보고자 하는 것이다.

저변에 흐르는 전통적 사유가 지속적으로 새로워야 한다. 그렇게 해서 인민의 마음을 격동시켜야 한다. 베트남의 철학에서 이론적 치밀함은 뒷편으로 미루어졌다. 그리고 이러한 사상적 전통을 그들은 반만년동안 이어왔다. 철학을 이론적으로 치밀하게 구성한 서구나 중국의 거대 문명권에서 보면 베트남에는 철학이 없는 것처럼 보일 것이다. 하지만 학술회의에서 토론을 벌여 본 경험이 있는 사람이라면 그들의 질문이 얼마나 현실적이고 날카로운지 금방 알게 된다.

이론적 치밀함과 학문적 과학성은 마르크스·레닌주의에 맡기고, 베트남은 자신이 처한 현실에서 유용성과 창조성을 발휘하여 새로운 사유를 인민과 더불어 만들어 내고 그로부터 원동력을 끌어내는 데 집중한다.

레뀌돈(Lê Quý Đôn)도 그렇게 말한다. 여러 유교경전에 대해 논리적 이론을 분석한 책을 쓴다면, 그거야 내가 어떻게 그에 대한 전문가나 연구자를 따라갈 수 있겠는가? 나는 오히려 베트남에 필요한 책을 쓸 것이다. 그게 내가 해야 할 일이다. 이론에 대한 논의는 그들의 책을 읽으면 된다.

베트남은 문명의 교차로에 있다. 거대한 문명이 교차해 지나가는 상황에서 자신의 정체성을 유지하면서 그 문명의 장점을 빠르게 받아들이는 능력이 중요하다. 한국은 거대한 문명의 흐름이 중국을 거친 후 마지막으로 머물면서 새로운 사상을 창조하여 역으로 세계를 향하게 했다. 원효와 세종의 사상이 대표적이다. 베트남 또한 자신의 정체성을 유지하면서도 창조적으로 새로운 사유를 마련해야 했는데, 자칫 잘못했으면 다른 문명의 소용돌이에 휩쓸려 동화되는 처지가 되고 말았을 것이다.

도이머이의 길 또한 여차하면 마르크스·레닌주의 또는 자본주의에 휩쓸려 버릴 수 있다. 자신의 길을 가야 한다. 베트남의 현실을 도외시하고 코민테른의 지령에 따라 실천한 수많은 운동이 치명적인 결과를 초래한 것을 상기할 필요가 있다.

베트남에서 철학은 세계적 식민주의의 선두국가였던 프랑스와의 전쟁에 이어 세계적 제국의 선두국가였던 미국과의 전쟁을 통해 치열한 자기성찰을 경험하게 된다. 이른바 서구 문명의 정수를 자부하는 두 열강의 침략에 맞서 가난하고 약한 베트남이 독립과 자유를 유지하기 위해서는 목숨을 건 사상투쟁이 필요했다. 그 과정을 겪으면서 베트남의 철학은 다시 한번 더 담금질되었다. 이 베트남 철학이 도이머이의 앞날에 새로운 이정표를 제시해야 한다.

중국과 소련의 사회주의를 공부하면서도 베트남 학계에서 마오쩌둥 철학의 영향이 지배적이거나 소련 철학자가 쓴 논문이 그대로 번역 소개되는 경우는 없었다. 인용도 많지 않았다. 그러한 추세는 현재진행형이다.

베트남에 처음 발을 내딛고, 초창기 베트남에서 한국어과를 이끌던 교수를 몇 명 만났다. 그 후로도 가끔 교류를 했다. 그 가운데 한 교수는 나에게 '동학'을 강의해 줄 수 있느냐고 물어왔다. 이들은 모두 북한에서 유학을 한 경험이 있고 한국어와 한국의 문화를 배운 인물들이다. 한국으로부터 다른 것은 별로 필요치 않고 동학은 꼭 배우고 싶다는 것이었다.

몇 년이 지난 후 베트남사회과학한림원 철학원에서 팀을 이끌며 프로젝트를 수행할 때, 동경대전을 해제하여 출간하게 되었다. 그동안 동학 관련 논문들은 물론 찾을 수 있는 대로 서적들도 거의 다 읽었지만 동경대전을 해제하는 작업은 자꾸 되돌이를 하느라 힘겨웠다. 아쉬운 대로 해제를 출판하자, 베트남철학연구실 담당 교수는 제발 이런 책들을 좀 더 소개해 달라면서 악수를 청했다. 베트남 학자로서 직관적으로 동학이 한국의 사상을 담고 있음을 간파한 것 같았다. 한국에 귀국한지 몇 년이 지난 후 베트남사회과학한림원 철학원 연구원 한 명이 현암 이을호의 사상을 베트남에 소개하고 싶다고 했다. 베트남 학계에 필요한 일이라고 했다. 27권의 전서 가운데 5~6권을 선택하여 번역 출판하고, 나중에는 현암 이을호의 사상에 대한 책을 스스로 저술하기로 했다. 나는 팀장이었지만 대부분의 일은 베트남의 연구원이 했고, 주로 한국어와 베트남어본을 감수하는 작업만을 맡았다. 벌써 4권까지 베트남에서 번역 출판이 이루어졌고 마지막 1권만이 남은 상태다. 자신들이 필요로하는 사상에 대해서는 상당히 빠르게 거의 본능적으로 알아차린다.

오늘날 베트남 철학의 독특한 성과는 생존을 건 프랑스와 미국과의 전쟁에서 탄생했다. 마르크스·레닌주의를 언급하면서도 사실은 자신들의 사상을 말하고 있다. 프랑스와 미국은 단순히 압도적인 군사력만 가진 나라가 아니었다. 이들은 객관적으로 서구 문명의 정점에 서 있었다. 따라서 베트남 철학은 이들과의 사상 투쟁을 치열하게 펼쳐야 했다.

3

분단과 전쟁에서 다시 분단으로

3

전국항전

베트남민주공화국 각료 15명 가운데 인도차이나공산당 당원은 6명이었고 나머지 9명은 애국적 지식인 그룹이었다. 1945년 7월 17일-8월 2일 사이에 열린 포츠담회담에서 연합국의 전후처리 문제가 결정되었다. 베트남은 북위 16도선을 기준으로 북부에는 중국국민당군이, 남부에는 인도지역 영국군이 일본군의 무장해제를 명목으로 진주했다. 영국군은 프랑스군의 복귀를 지원했기 때문에 베트남민주공화국의 남부지방정권을 급격하게 해체했다. 북부에 들어온 중국국민당군은 베트남민주공화국에 친중인사의 대거 참여를 요구하여 일정 의석을 차지하였으면서도, '멸공금호(滅共擒胡)'를 공공연히 주장하며 압박을 가했다.

이런 상황에서 호치민은 인도차이나공산당의 자발적 해체를 제안했다. "최고 원칙은 민족 존망의 이익이다." 혁명을 성공시켜 권력을 쟁취한 공산당이 스스로 해산을 선언한 일은 전세계에서 그 전은 말할 것도 없고 그 후로도 없었다. 민족의 이익을 공산당의 이익보다 중시한 결정이었다.

이러한 태도는 21세기에도 어김없이 이어지고 있다. 베트남공산당은 국가와 민족의 이익을 위해서 선택한 역사적 산물이지 사회주의 건설 자체를 위한 당이 아니라고 주장한다. 그런 이유로 언제든 필요하다면 공산당은 자신의 이익을 희생해서라도 나라를 발전시켜 나가야 한다는 입장이다. 그런 차원에서 2013년 베트남 헌법에 대한 개정 논의가 이루어졌을 때 일당제가 아닌 다당제까지 거론되었던 것이다.

아무튼 1945년 8월 제국 일본의 연합군에 대한 항복 직후 베트남민주공화국의 실상은 참혹한 상황이었다. 식민 지배하에서 민족의 경제는 무참하게 무너져 있었다. 기근으로 200만 명이 목숨을 잃었지만, 앞으로 얼마나 더 굶주림을 견뎌야 할지 모르는 현실이 눈앞에서 벌어지고 있었다. 국내 곳곳에는 세력을 구축한 부역자들이 있었고, 20만에 이르는 중국국민당군은 베트남민주공화국을 붕괴시키고 친미 친국민당의 꼭두각시 국가를 세우고자 했다. 남부에는 프랑스가 다시 물밀듯이 들어왔다. 국내의 앞잡이들은 외세의 지원을 받아 제 속을 채우려 기회를 노리고 있었다. 무엇보다 전쟁보다도 무서운 배고픔부터 해결해야 했다.

덴바끼에우: 덴바끼에우(Đền Bà Kiệu)는 하노이 사람들이 사랑하는 호안끼엠호수 인근의 오래된 사당이다. 1900~1905년 무렵 프랑스는 이 사당을 반으로 갈라 길을 내 버렸다.

호치민은 프랑스가 베트남을 재식민지화하는 것을 막기 위해 1946년 3월에 잠정 협정을 체결한다. 이는 프랑스군이 베트남 북부에 주둔하는 것을 허용하는 대신, 프랑스가 베트남민주공화국을 승인하는 내용 등이 포함되어 있었다. 하지만 프랑스는 베트남에 대한 식민 지배를 포기할 의사가 없었다.

1946년 11월 23일 프랑스 함대의 무차별 포격으로 베트남 북부 최대의 항구도시 하이퐁에서 6천여 명의 사상자가 발생했다. 호치민은 더 이상 평화적인 방법으로는 문제를 해결할 수 없다는 판단을 내렸다. 1946년 12월 19일 호치민은 전국항전의 메시지를 전국민에게 전한다.

"전국의 동포들이여! 우리는 평화를 원했다. 그래서 우리는 양보했다. 그러나 양보할수록 식민주의자들은 더욱 다가왔다. 그들은 한번 더 우리나라를 도둑질하기 위한 마음을 가졌기 때문이다. 안 된다. 우리는 모든 것을 희생히더라도 나라를 잃는 것을 용납하지 않을 것이나. 노예

하노이대성당: 1886년 12월 24일 덴바끼에우의 호안끼엠호수 반대편 기슭에 프랑스인 주교 푸지니에(Puginier)가 주도하여 완공한 성당이다. 이곳에는 1057년 리타인똥(Lý Thánh Tông, 李聖宗) 시기에 세워진 보천사와 보천탑이 있었다. 보천탑은 80미터 높이에 12층이었고, 안에는 석상들이 아름답게 빚어져 있었다. 15세기 명의 침략으로 탑은 파괴되었지만 보천사는 남아 있었다. 프랑스 식민주의자들은 이곳을 몰수한 뒤 사찰을 부수고 그 자리에 성당을 지었다.

하이퐁 풍경: 하이퐁은 예나 지금이나 베트남 북부 최대의 항구도시다.

가 되는 것을 결코 참지 않을 것이다. 동포들이어! 우리는 반드시 일어나야 한다. 남녀노소, 종교와 정당과 민족의 구분없이 베트남 사람이라면 모두 함께 조국을 구하기 위해 프랑스 식민 지배에 맞서 일어나야 한다. 총이 있다면 총을 들고, 칼이 있으면 칼을 쓰고, 칼조차 없다면 곡괭이, 삽, 몽둥이라고 들어야 한다. 병사, 자위대, 민병대 형제들이어! 나라를 구할 시간이다. 우리는 나라를 지켜내기 위해 마지막 한방울의 피까지 희생해야 한다. 비록 항전이 고난일지라도 굳게 희생하겠다는 일념이 있다면 승리는 반드시 우리 민족의 것이다. 베트남 독립과 통일이여 영원하라! 항전의 승리여 영원하라!"

전국적으로 프랑스의 재식민지화에 맞선 전쟁이 시작되었다. 하노이 시민들은 가구와 돌, 흙더미를 거리로 쏟아내어 프랑스군과의 일전을 준비했다. 돌멩이와 화염병, 그리고 죽창과 낫을 들고서라도 싸움에 나선 것이다.

하지만 프랑스군의 최신 무기에 맞서 싸우는 데는 많은 희생을 불러왔다. 결국 베트남민주공화국은 산악지대로 철수해 게릴라전을 준비했다. 산악과 마을에 근거지를 세우고, 대도시를 포위하는 전략이었다.

디엔비엔푸

1949년 10월, 중국공산당은 베이징을 수도로 하는 중화인민공화국 수립을 선포한다. 국제적인 환경이 바뀌었다. 1950년 1월 중국과 소련은 베트남민주공화국을 공식적인 국가로 인정하면서 군사와 경제분야의 지원을 시작한다. 중국에서 쓰던 소련제 무기들이 대거 베트남으로 들어왔다. 이제 베트남민주공화국은 프랑스와 전면전을 펼칠 수 있을 정도의 화력을 갖추게 되었다.

전쟁이 장기화되자, 프랑스는 전세를 뒤집기 위해 새로운 전략을 세웠다. 1953년 나바르(Henri Navarre)는 북서부 산악지대의 전략적 요충지인 디엔비엔푸(Điện Biên Phủ)에 대규모 요새를 건설하기로 결정했다. 디엔비엔푸는 라오스로 통하는 길목이자, 베트남민주공화국 군대의 보급로를 차단할 수 있는 지점이었다. 프랑스군은 분지 한가운데

디엔비엔: 밀림과 같은 산악지대 한복판에 있는 디엔비엔푸를 이곳 사람들은 '하늘마을'이라 불렀다. 따뜻한 온천과 비옥한 논, 그리고 물길이 흘렀다.

에 활주로를 만들고, 주변 고지대에 49개의 진지를 구축했다. 각 진지에는 프랑스 여성의 이름이 붙었다. 프랑스군 약 1만6천 명은 최신 무기와 항공 보급망을 믿었다.

그러나 베트남민주공화국 군대는 인민의 힘을 동원했다. 이들은 자전거와 나무수레에 쌀과 탄약을 싣고 산을 넘었으며, 여성들은 삽을 들고 참호를 팠다. 전쟁은 군인뿐만 아니라 인민 전체의 것이었다.

1950년 이후 미국은 인도차이나 전쟁에 본격적으로 개입했다. 1950년 5월 미국은 1,000만 달러를 프랑스에 지원했고, 섬차 지원액수를 늘렸다. 1954년에 이르면 프랑스 전쟁비용의 약 70~80%를 미국이 부담하게 된다. 아울러 독수리 작전(Operation Vulture)이라는 이름 아래, 베트남민주공화국 군대의 거점으로 여겨지던 디엔비엔푸 인근 밀림 지역에 대해 대규모 전략폭격과 원자폭탄 투하 계획을 논의한다. 다행히

디엔비엔: 타이(Thái) 족은 이곳에서 평화롭게 살아간다. 프랑스군은 이곳을 차지하고 기지를 건설하면서 타이족 마을 사람들을 학살했다.

포탄 흔적(좌): A1 기지는 프랑스군의 핵심 방어진지였다. 이곳에서는 디엔비엔푸 평원 전체를 조망할 수 있다. 베트남군은 대포를 사람의 힘만으로 밀림과 산속을 끌고 당기며 이동시켜 이곳을 집중 포격했다. **열사묘지(우)**: A1 진지에서 전투를 벌이다 희생된 베트남군 열사의 묘지가 진지 아래에 마련되어 있다.

영국의 반대와 미국 내 여론의 부담으로 실행되지는 않았다. 프랑스군이 항공 보급에 의지했다면, 베트남민주공화국은 인민의 힘에 의지할 수밖에 없었다. 보응웬지압(Võ Nguyên Giáp)은 참호망 전술을 채택했다. 그런데 이 참호망은 방어가 아닌 공격하고 포위하는 참호망이었다.

보응웬지압이 기본 전략은 3원칙과 3불론(三不論)으로 잘 알려져 있다. 3원칙은 '작은 것으로 큰 것을 이긴다', '적은 양으로 많은 양을 이긴다', '질로 양을 이긴다'는 것이다. 3불론은 '적이 원하는 장소에서 싸우지 않는다', '적이 원하는 시간에 싸우지 않는다', '적이 원하는 방법으로 싸우지 않는다'는 것이다.

이러한 전략은 베트남이 수천 년 민족의 역사를 이어오는 동안 강대한 외침을 물리치면서 형성한 생존전략이자 지혜였다. 모든 면에서 우월한 프랑스와 미국을 상대로 지압은 전통적인 베트남의 전략을 당시의 상황에 맞게 적용한 것이다. 약자가 강자를 상대로 싸울 때 차별화와 혁신을 통해 승리하는 방법을 제시하는 전략이었다.

1954년 3월 13일, 포성이 울렸다. 베아트리체 진지가 첫 공격 목표였고 몇 시간 만에 함락되었다. 이어 가브리엘고지가 무너졌다. 5월 7

보응웬지압 지휘소(좌): 보응웬지압은 프랑스를 물리치고 이어지는 미국과의 전쟁을 승리로 이끈 장군이었다. 깊은 산 속에 위치한 당시의 지휘소. **드 카스트리 지휘소(우)**: 디엔비엔푸 평지에 벙커로 만들어졌다. 공습이나 포격이 불가능하다고 여긴 프랑스군은 이에 대한 대비가 없었다.

일 오후, 드 카스트리(Christian Marie Ferdinand de la Croix de Castries)는 항복 문서에 서명했다. 전투는 57일 만에 막을 내렸다. 디엔비엔푸의 승리는 최초로 서양의 식민지 정권을 타도한 승리로 기록되었고, 세계 반식민 운동의 상징이 되었다. 그러나 디엔비엔푸는 마지막 승리가 아니었다. 그것은 새로운 전쟁의 전주곡이었다.

전승기념탑: 전승 50주년을 맞아 2004년에 세워진 전승기념탑. 드 카스트리 지휘소를 점령한 후 깃발을 높이 든 전사의 모습과 꽃다발을 들고 아이를 안고 있는 전사, 그리고 타이족 아이와 또 다른 전사가 표현되어 있다

제네바협정과 다시 분단으로

디엔비엔푸 전쟁에서 프랑스가 패배한 직후, 국제 사회는 스위스 제네바에서 모였다. 미국과 소련, 중국, 영국, 프랑스, 남한, 북한, 베트남, 라오스, 캄보디아 대표단도 모였다. 한국의 정전 이후 통일 문제와 인도차이나 문제가 의제였다. 1954년 7월 21일, 프랑스와 베트남민주공화국 등이 이때 열린 협정에 합의했다. 협정은 프랑스의 철수를 규정했지만, 동시에 북위 17도선을 경계로 한 임시 분단을 명시했다. 그리고 1956년 7월 총선거를 통해 통일 정부를 수립한다는 조항도 포함되었다. 하지만 미국은 이 협정에 서명하지 않았다. 남북총선거의 무산과 분단의 고착화를 예고하고 있었다. 베트남은 독립을 쟁취했지만 분단이라는 새로운 현실을 맞아야 했다.

17도선으로 분단을 설정하자 베트남노동당에서 불만의 목소리가 흘러 나왔다. 호치민은 1954년 7월 3일부터 제네바 회담의 중국대표였던 저우언라이와 회동했다. 그 결과 17도선으로 양보가 불가피하다고 판단했다. 호치민은 이렇게 말했다.

"지금 프랑스는 우리와 교섭하고 있고, 미국 제국주의가 주요하고도 직접적인 적이 되었기 때문에 우리 공격의 화살은 미국 제국주의에 집중되어야 한다. …… 현재의 새로운 정세를 앞에 두고 우리는 옛 노선을 지킬 수밖에 없다. 이전 우리의 구호는 '철저항전'이다. 우리는 새로운 정세에 의해 '평화, 통일, 독립, 민주'의 새로운 구호를 내세워야 한다. 우리는 미국 제국주의가 직접 간섭하여 인도차이나전쟁을 장기화하고 확대하지 못하도록 평화의 깃발을 꽉 붙잡고 있지 않으면 안 되며, 우리의 정책도 변화해야 한다."

제네바 협정 이후 베트남 북부에는 여전히 베트남민주공화국이 하노이를 수도로 삼아 사회주의 국가를 건설하고 있었다. 토지개혁을 비롯한 집단농장화를 실시하는 등 새로운 국가 건설에 힘을 기울였다. 토지개혁의 실시에는 중국인 고문을 초청하여 중국의 경험을 배우는 형태로 진행되었다. 하지만 베트남 마을의 특성을 무시한 중국식 토지개혁으로 많은 문제가 발생했다. 쯔엉친(Trường Chinh)은 이 문제로 일선에서 물러나야 했다.

베트남 남부에서는 미국의 직접적 지원으로 1955년 베트남공화국이 세워졌다. 베트남민주공화국에 반대하여 인위적으로 만들어진 정권이었다. 애초에 인민의 지지로 만들어진 정권이 아니었기 때문에 초기부터 눈에 띄게 미국에 의존할 수밖에 없었다. 그 미국에 의존하면 할수록 인민으로부터는 더욱 멀어졌다. 결국 초대 대통령 응오딘지엠(Ngô Đình Diệm)은 독재적 권위주의 통치를 실행하기에 이른다. 미국식 반공 국가 체제를 구축하여 베트남민주공화국과 대립하는 형태로 베트남공화국의 위상을 굳힌 것이다. 제네바 협정에서 합의된 1956년 총선거는 예정대로 미국과 베트남공화국의 거부로 무산되었다.

1953년 7월 27일 한국에서 전쟁은 잠시 휴전으로 멈췄다. 베트남은 한국의 휴전 모델을 자신들은 결코 받아들일 수는 없다고 생각했다. 그것은 또 다른 전쟁으로 이어질 도화선이었기 때문이다.

중앙위원회 제6차 회의에서는 당의 새로운 전략노선을 제시하였다. 회의에서 호치민은 평화가 회복될 때까지 프랑스에 대한 싸움은 계속될 것이지만, "공격의 대상은 인도차이나 전쟁을 확산하고 국제화시키려는 미국이 될 것"이라고 설명하였다. 아울러 호치민은 '프랑스만 보고 미국을 보지 못하는 인물', 그리고 새로운 정책을 '우익편향적'이라고 공격하는 인물들을 비판하였다. 그는 이들 '좌익적인 편향'이 "우리를 우리의 인민, 그리고 세계의 인민과 고립시키고 소외시켜 실패를 경험하도록 하게 만드는 것"이라고 경고하였다.

1956년 소련공산당 제20차 대회에서 '평화공존노선'이 제시되었다. 베트남노동당도 미국의 군사개입을 초래하지 않으면서 베트남공화국과 통일을 이루겠다는 온건한 노선을 제시하였다. 하지만 이러한 노선은 당내에서 큰 반발을 불러 일으켰다.

1957년이 되자 산발적인 게릴라활동이 나타났으며, 한 해 동안 50여 명의 지방관리가 살해된 것으로 알려져 있다. 이는 자발적으로 전개된 투쟁이었다. 당의 온건한 노선과 현실에서의 상황이 어긋나고 있었다.

결국 1959년 5월에 열린 베트남노동당 제15차 중앙위원회에서 중요한 결정이 이루어졌다. 지금까지 평화적인 투쟁에 의해 통일을 이루겠다는 노선을 포기하고 무장투쟁과 정치투쟁을 결합시키기로 전환한 것이다.

베트남 지도부의 시각에서 본다면 베트남혁명은 또다시 현대의 주된 모순, 즉 사회주의와 제국주의 진영간의 모순의 '초점'이 된 것이다.

베트남은 사회주의 진영과 세계혁명에서 주변부가 아니라 그 중심부였다. 소련도 중국도 혁명의 중심은 아니었다. 그들은 전선을 지원하는 사실상의 주요 배후지였던 것이다.

한국도 주변부가 아니라 중심부였다. 하지만 남과 북 어느 쪽도 상대와의 전쟁에만 몰두했을 뿐, 그 너머에 있는 세계사적 의미로 인식을 끌어올리고 실천해 나간 지도자는 찾아보기 어려웠다.

남부와 꼰다오

베트남공화국

베트남남부해방민족전선

지상의 지옥, 꼰다오

4

베트남공화국

1954년 디엔비엔푸 전투가 끝나자마자 그해 7월 체결된 제네바 협정은 북위 17도를 경계로 한 잠정적 분단을 규정했다. 협정문은 2년 뒤 총선거를 통해 통일 정부를 수립한다고 명시했시만, 미국은 이를 수용하지 않았다. 워싱턴은 만약 선거가 치러진다면 호치민이 80% 이상 득표할 것이라 예측했고, 이는 곧 공산화된 베트남으로 이어질 것을 두려워했다. 결국 미국은 프랑스를 대신해 남부 베트남을 자신들의 전략적 전초기지로 삼았다.

미국의 전비 지원에 대해 반대하는 대규모 시위가 1950년 1월 9일 사이공에서 일어났다. 수천 명의 학생과 청년들이 거리로 나섰다. 이 날은 오늘날 '베트남 학생의 날'로 기념하고 있다. 이렇게 이미 1950년 미국은 프랑스 지원을 통해 베트남에 깊게 발을 들여놓고 있었다.

1955년, 미국의 전폭적인 지원 속에서 응오딘지엠은 베트남공화국을 세웠다. 그는 가톨릭 지식인 출신으로 미국 가톨릭 네트워크의 강력한 지원을 받았다. 응오딘지엠은 뇌물로 종교단체를 회유하고 정규군

히엔르엉 다리(위): 1954년부터 1975년까지 벤하이(Bến Hải)강 히엔르엉(Hiền Lương) 다리를 사이에 두고 17도선으로 남과 북이 분단되어 대치했다. **마이꾸옥까 분대 기념비(아래)**: 당시 22세였던 마이꾸옥까(Mai Quốc Ca)가 이끄는 20명의 병사는 1972년 4월 9일 밤 꽝찌(Quảng Trị) 다리를 폭파하고 증원군과 보급로를 차단하는 임무를 수행했다. 이 과정에서 20명 모두 희생된 것으로 알려졌다. 하지만 부꽝탄(Vũ Quang Thành)은 총상을 입고 포로가 된 뒤 온갖 고문을 견디고 수감되었다가 살아 남았다. 이 기념비에는 20명의 핏방울이 표현되어 있다.

독립궁(좌): 베트남공화국의 대통령궁이자 남부 해방을 상징하는 건물로 호치민시를 여행하는 사람들이 빼놓지 않고 찾는 장소다. **독립궁 지하벙커(우)**: 지하벙커에는 작전지휘소를 비롯한 미국의 지원을 받은 다양한 통신장비 등이 갖춰져 있었다.

을 동원해 반대 세력을 무력화하는 등 남부 베트남에 강력한 반공 정권을 세울 수 있는 인물로 부상했다. 권력을 공고히 하면서 응오딘지엠은 황제인 바오다이를 축출하기 위해 국민투표를 실시했다. 부정선서를 통해 그는 압도적 지지로 공화제 찬성을 끌어냈고, 단독 선거를 치른 후 초대 대통령으로 추대되면서 강력한 독재의 기반을 마련했다. 응오딘지엠은 자신을 반대하는 정당을 불법화하고, 언론과 결사의 자유를 억압하고, 정권을 비판하는 사람들을 임의로 체포해 강제수용소로 보냈다. 응오딘지엠은 남부 베트남을 자유세계의 방파제로 내세웠지만 정권 유지의 실상은 미국 원조와 군사고문단에 의존하는 구조였다. 인민의 눈에는 그것이 자주적 국가가 아니라 또 다른 외세의 산물로 보였다. 프랑스에 맞섰던 지식인과 농민, 불교 승려들은 이번에는 미국과 응오딘지엠 정권에 저항하게 되었다.

응오딘지엠은 독립궁을 자신의 대통령궁으로 삼았다. 1858년 프랑스 식민주의자들이 베트남을 무력으로 침략한 후 1868년사이공 시

중심부에 총독관저를 건설하기 시작했다. 이들은 노로돔(Norodom) 궁으로 이름지었다. 1868년 2월 23일 프랑스 총독 그란디에르(La Grandière)가 첫 주춧돌을 놓았고, 1871년에 완공했다. 1887년부터 1945년까지 프랑스 총독들이 이 건물을 집무실 겸 거주지로 삼았다. 1945년에는 잠시 일본 정부의 집무실이 된 적도 있었다. 제2차 세계대전이 끝나고 일본이 물러나자 영국군과 함께 프랑스군이 다시 베트남 남부지역에 진주했다. 1954년 5월 7일 디엔비엔푸 전투에서 프랑스가 완선히 패배하고 세네바 협정에 서명하고 철수했다. 하지만 프랑스를 지원하고 있던 미국은 베트남을 남북으로 나누고 남부만의 정권인 베트남공화국을 수립하도록 지원했다. 북부에는 여전히 호치민이 이끄는 베트남민주공화국이 있었다.

1954년 9월 7일, 노로돔 궁은 응오딘지엠 총리가 인계하여 독립궁으로 이름을 바꾸었다. 이후 1955년 10월 26일 응오딘지엠 총리는 바오다이 황제를 몰아내고 베트남공화국을 수립하여 대통령이 되었다. 이후 독립궁은 응오딘지엠 가족의 거주지겸 집무실이 되었다.

1962년 2월 27일, 사이공 공군 소속의 응웬반끄(Nguyễn Văn Cừ)와 팜푸꾸옥(Phạm Phú Quốc)이 응오딘지엠의 독재적 통치에 반대하면서 독립궁에 폭탄을 투하했다. 궁 한쪽 편이 무너져 내렸다. 응오딘지엠은 1962년 7월 결국 기존 건물을 철거하면서 응오비엣투(Ngô Viết Thụ) 건축가의 설계에 따라 궁을 새롭게 짓게 했다. 응오딘지엠과 일가는 자롱궁(오늘날의 호치민시 박물관)으로 거처를 옮겼다.

1963년 11월 2일, 응오딘지엠은 쿠데타 세력에 의해 살해되었다. 1966년 10월 31일 궁이 완공되었을 때 국가의 수반은 응웬반티에우(Nguyễn Văn Thiệu)였다. 그는 1967년 10월부터 1975년 4월 31일까

지 이 궁에 거주했다. 그리고 1975년 4월 30일 오전 10시 45분, 제2군
단 제203전차여단 제1대대 제4중대 소속 해방군 전차 843호가 선두에
서서 독립궁의 보조문을 들이받았으며, 이어 390호 전차가 정문을 들
이받으며 궁 안으로 진입했다. 이날 11시 30분 843호를 지휘하던 부이
꽝턴(Bùi Quang Thận) 중위가 베트남공화국 정권의 삼색 깃발을 내
리고 남베트남민족해방전선의 깃발을 게양했다.

응오딘지엠 정권은 정치적 반대파를 탄압하기 위해 교화라는 명분
아래 전국 각지에 까이후언(Cải huấn) 시설을 설치했다. 이름만 교화
였을 뿐, 실제로는 정치범 수용소였다.

프랑스에 맞서 싸우던 수많은 독립투사들은 이 정권과 모순관계에
놓일 수밖에 없었다. 남부정권은 이들을 곳곳의 수용시설에 가두고 고
문하고 죽였다. 그들은 프랑스의 식민정권이 독립투사들을 가두던 수
용시설을 활용했다. 꼰다오와 푸꾸옥을 비롯한 사이공, 껀터 등 곳곳의
감옥에는 당시 베트남공화국 정권에 반대하는 사람들이 투옥되었다.

전기 고문, 물고문, 강제노역은 일상이었다. 그러나 그 속에서도 투

자롱궁(좌): 1890년에 완공된 후 프랑스 식민 정권의 총독이 거주하고 집무를 보던 공간으로
활용되었다. 응오딘지엠은 이곳으로 거처를 옮기면서 지하 4m 깊이에 벙커를 만들고 화분으
로 위장하였다. **독립궁 폭탄투하(중앙)**: 응오딘지엠의 폭정에 맞서 암살하려는 내부 세력의
공습으로 독립궁 한편이 무너졌다. 당시 폭탄을 투하한 장소에는 나중에 헬기 착륙장이 만들
어졌다. **독립궁 탱크(우)**: 탱크가 문을 부수고 들어온 4월 30일을 베트남에서는 남부해방기
념일로 정해 국경일로 삼고 있다.

사들은 서로에게 이론을 가
르치고 시와 노래를 나누며
연대를 다졌다. 감옥은 억압
의 공간인 동시에 역설적으
로 사상의 학교였다. 이러한
전국적인 억압의 상징이 바
로 꼰다오(Con Đảo)의 수
용소였다. 1862년 프랑스가
정치범 수용소를 건립한 이
래, 1975년까지 113년간 운
영된 꼰다오는 20만 명의

껀터 까이후언: 프랑스 강점기 시대에 지어진 껀
터의 수용소는 베트남공화국이 까이후언 시설이
자 수감시설로 활용했다. 사진은 수용소 내부에 천
주교 성당이 있던 자리.

정치범을 수용했고, 그중 약 2만 명이 그 안에서 생을 마감했다. 19세에
총살당하며 "베트남 독립 만세"를 외친 여성 혁명가 보티사우(Võ Thị
Sáu)는 꼰다오 저항의 상징적인 인물로 기억되고 있다.

1958년 12월 1일 빈즈엉(Bình Dương)성 푸러이(Phú Lợi) 수용소
에서 발생한 '집단 중독 사망' 사건은 큰 충격을 주었다. 수천 명이 수감
된 푸러이 수용소에서 하루만에 1,000여 명이 독극물에 의해 사망했다.
치료를 요구하는 수감자들을 향해 총격을 가했고 중독으로 사망하는
사람은 계속 늘어났다. 시위가 계속되자 물대포와 기관총을 동원했다.
언론에서는 이들이 자살한 것이라고 발표했다.

1957년에서 1959년까지 남베트남에서는 2천 명 이상이 공산주의자
로 낙인찍혀 처형당했다. 베트남공화국의 농촌지역을 도는 순회 재판
소에서 유죄 판결을 받으면 곧바로 단두대에서 처형되기 일쑤였다.

1959년 5월 6일 공포된 '법률 10/59'는 이동식 단심 군사재판을 설

치하고 '공산주의 활동'과 연루된 자에 대해서는 사형을 허용했다. 이 법은 '증거와 절차'가 아닌 '의심과 예방'을 논리로 삼았기 때문에 남부 전역에서 수많은 신고와 검거, 고문과 처형이 일상화되었다. 동시에 '고발 캠페인'과 경찰·보안국의 확대로 이러한 양상은 점차 확산되었다. 국제 인권단체의 1973년 보고서에 따르면, 베트남공화국 정부는 공식적으로 41개의 주요 민간 구금기관과 4개의 '국가급 교화센터'를 운영했고, 미 원조 예산문서에는 '1973 회계연도 말까지 552개 구금시설의 행정개선 프로그램이 가동 중'임이 확인된다. 중앙에서 지방 구석구석까지 '중앙·성·현' 단위의 교화·구금시설이 촘촘히 깔렸다. 전쟁의 격화로 포로수용소와 특별구금소가 더해지면서 남부 베트남 전역이 감옥의 지도로 뒤덮여갔다.

응오딘지엠 정권은 초기에 '치안'과 '개발'을 결합한 통치 전략을 가동했다. 1959년 농촌 사람들을 새로운 거주지로 강제 이주시켜 통제하는 한편 노동력을 무상으로 착취했다. 이는 극심한 반발을 초래하면서 1960년에 이르러 중단되었다. 그 후 1962년에는 기존의 마을을 요새화하여 마을을 외부와 격리하는 등 전략촌을 확대했다. 이 또한 마을 사람들의 강한 반발을 불러 일으켰고 오히려 마을사람들과 남부해방민족전선의 협력을 부추기는 일이 되었다.

표면적 목표는 '공산반란으로부터 농민을 보호'하는 것이었으나, 실제로는 농촌을 군사·행정적으로 재편해 감시와 동원을 용이하게 만드는 '국가적 재배치'에 있었다. 1962년 2월 3일자 대통령령으로 '전략촌 상설조정위원회'가 발족했고 같은 해 여러 보고서는 전략촌을 '농촌의 사회·정치 혁명'이라 칭송했다. 그러다 응오딘지엠 일가가 암살당하고 1963년 정권이 붕괴하면서 폐기되었다.

이처럼 감금과 재배치, 법률 10/59와 '고발 캠페인'으로 압축되는 통치는 곧 강한 '저항'을 불러일으켰다. 1960년 12월 20일, 베트남남부해방민족전선이 떠이닌 인근에서 창립을 선포한다.

남부의 다양한 정치·사회적 배경이 '반프랑스'의 기억을 '반미·반사이공'이라는 현재 시점으로 변환·환기시켰다. 그들의 정강은 토지·민주·중립화·통일을 기치로 내걸었고, 농촌의 불만과 도시 학생·불교·지식인의 항의를 하나의 연합 전선으로 묶었다. 베트남남부해방민족전선의 등장은 북의 지원과 호치민 루트의 가동이라는 군사적 변수 이전에, '감옥의 지도'가 만들어 낸 일상적 경험—검문·불심검문·연좌·야간통행금지—에 대한 인민의 응답이었다.

응오딘지엠 정권이 제시한 '개발과 치안'의 언어는 감금·재배치·사법의 군사화를 통해 일상으로 파고들었고, 이 통치 기술은 꼰다오라는 최상위 감옥에서 전략촌이라는 일상적 감옥까지 하나의 스펙트럼을 이루었다.

꾸치 터널(좌): 입구가 좁고 감추어져 있어 금방 찾기가 힘들다. 이 터널을 따라 전혀 예상하지 못하는 곳에서 기습공격이 이루어졌다. **떠이닌에서 사이공으로 내려서는 길목에 위치한 땅굴 근처 풍경(우)**: 주변 밀림 속에 만들어진 땅굴 안에는 병원과 식당 등의 기반 시설이 갖추어져 있었다.

틱꽝득 차량(좌): 훼의 대표적 사찰인 티엔무(Thiên Mụ)사가 보존하고 있는 틱꽝득(Thích Quảng Đức, 釋廣德) 승려의 차량. 틱꽝득 승려는 사이공에서 이 승용차에 휘발유를 싣고 소신 장소로 이동했다. **틱꽝득 소신상(우)**: 2010년 소신 장소에 마련한 틱꽝득 승려의 소신상과 공원. 베트남 불교의 호국정신을 기리기 위해 조성되었다.

응오딘지엠 정권의 억압은 특히 불교계에서 극적으로 드러났다. 독실한 가톨릭 신자였던 응오딘지엠은 정권의 요직을 대부분 가톨릭 신자로 채웠다. 이들 가톨릭신자들은 북부에서 내려온 사람들이 많았기 때문에 반공적 성향이 강했다. 1963년 5월, 훼에서 불교 신자들이 부처님 오신 날 깃발 게양을 금지당하자 시위하는 과정에서 군경의 발포로 9명이 사망하는 사건이 발생했다. 이 사건은 전국적인 불교 저항의 도화선이 되었다. 그해 6월 11일, 승려 틱꽝득(Thích Quảng Đức)은 사이공 시내 한복판 도로에 가부좌를 틀고 앉아 스스로 분신했다. 그가 결연히 불타는 장면은 전 세계 언론에 타전되어 응오딘지엠 정권의 폭압을 국제적으로 고발하는 계기가 되었다. 그러나 대통령의 동생인 응오딘뉴(Ngô Đình Nhu)의 부인은 "또 바비큐를 하고 싶다면 기꺼이 휘발유를 대주겠다"는 망언을 남겨 국제적인 공분을 샀다. 미국은 응오딘지엠정권의 이러한 탄압을 비판할 수밖에 없었다. 결국 1963년 11월, 미국의 암묵적 승인을 받은 군부 쿠데타가 일어나 응오딘지엠은 그의 동생과 함께 암살당한다.

이로부터 몇 달 뒤 미국에서 케네디가 암살당한 후 출범한 존슨 행정부는 베트남공화국의 중립화와 관련한 어떠한 시도도 용납하지 않을 것이라는 입장을 밝혔다. 이에 따라 남부 베트남에서는 또 다시 군부 쿠데타가 일어나 1964년 응웬카인(Nguyễn Khánh)이 권력을 장악했다. 하지만 자신의 권력 강화에 몰두하던 카인에 이어 응웬까오끼(Nguyễn Cao Kỳ)와 응웬반티에우(Nguyễn Văn Thiệu)가 쿠데타를 일으켜 권력을 잡았다. 이런 과정을 겪으며 존슨 행정부는 1965년 7월 본격적으로 전쟁의 미국화를 결정했다. 미국은 남베트남 주둔 미군 수를 늘리고 대대적인 북폭에 나섰다. 이제 미국이 직접 전쟁의 전면에 나선 것이다.

미국은 1964년 본격적으로 북부 베트남을 폭격하기 시작했고, 1965년 3월에 전투부대를 투입했다. 존슨은 1965년 7월 미군을 대규모로 투

틱꽝득 탑: 소신 장소에 세워진 추모탑. 응오딘지엠 정권은 소신 후 불에 타지 않고 남은 틱광득 승려의 심장과 화장한 유골함을 탈취하기 위해 불교 사찰 곳곳을 공격했다. 이에 몇 명의 승려가 연쇄적으로 소신을 하며 저항했다.

입하여 베트남전을 종식시키려 했다. 참혹한 한국전쟁에 이어 이렇게 베트남전쟁이 본격화되었다. 호치민 전쟁박물관의 기록에 따르면 1968년 6월 29일 베트남공화국에 주둔한 외국 군대는 604,481명이었다. 주요 국가로는 미군이 541,933명, 한국군 50,355명, 호주군 7,379명, 태국군 2,423명, 필리핀군 1,825명 등이다.

1968년 1월 30일 밤부터 31일 새벽에 걸쳐 남부 베트남 전역에서 베트남남부해방민족전선과 인민이 공세와 봉기를 동시에 감행했다. 두 달간 이어진 총공세와 봉기로 남부 6개 대도시 가운데 4곳, 40개의 시 가운데 37곳, 그리고 수백 개의 현을 공격했다. 이 가운데 사이공과 훼에 대한 공격에서는 미국대사관, 사이공 군참모본부, 방송국, 수도특별지구사령부, 해군사령부, 떤선녓(Tân Sơn Nhất) 공항, 경찰총국 등 베트남공화국과 미군의 핵심 시설들이 포함되어 있었다.

뗏(Tết)공세로 알려진 이 총공세는 참혹했다. 베트남남부해방민족전선의 피해가 훨씬 컸다. 하지만 승리가 임박했다고 TV를 통해 자국민에게 선전하던 미국 정부는 거대한 반전 여론에 직면했다. 미국 국민들은 사이공과 훼와 같은 주요 도시에서 치열하게 벌어지는 시가전을 보면서 충격에 빠졌다. 결국 반전 운동이 급격하게 확산하면서 정치적 부담을 느낀 존슨은 재선 불출마를 선언했다. 그리고 1968년 3월 31일 존슨은 일방적으로 북부 베트남에 대한 북위 20도선 이북의 폭격을 중단하며 베트남민주공화국 측과 협상할 대표를 파견할 준비가 되어 있다고 선언했다.

1969년 1월 닉슨이 미국 대통령에 취임하자 '닉슨독트린'을 표방하는 국제 전략을 실시했고 베트남에서는 '베트남화'전략을 펼쳤다. 지상의 미군 개입을 줄이고 군사, 정치, 경제, 외교면에서 우위에 선 미국이

릉삭 특공대: 바다에서 사이공 항으로 들어오는 입구에 위치한 릉삭(Rừng Sác) 늪지대에서 1955년 10월에 특공단이 만들어졌다. 사람이 거주할 수 없는 곳이었으나 전략적 요충지였다. 완전히 자급자족해야 했으며 생존을 위해 물이 무엇보다 중요했다. 1969년 미군의 해상 지휘소를 급습하여 파괴했고, 1970년에는 유류저장소를 폭파시켜 남부 전체의 해상 보급망을 마비시켰다. 한편 미군의 헬기 폭격과 제초제 살포로 이곳은 완전히 황폐화 되었다. 전쟁이 끝난 후 재건 운동을 벌여 지금은 맹그로브 숲이 무성한 유네스코 생물권 보전지역으로 거듭났다.

제시하는 조건에 따라 협상하여 베트남전쟁 문제를 해결하겠다는 태도였다. 결국 이 미국의 전략은 미군은 줄이지만 미국의 지휘와 지원하에 베트남 사람과 베트남 사람, 혹은 미군이 아닌 한국 사람과 베트남사람이 서로 싸우게 하겠다는 것이었다.

미국이 북부 베트남에 대한 폭격 중단을 선언하자, 베트남민주공화국과 베트남남부해방민족전선은 모두 미국과 베트남공화국 정권과 함께 파리에서 베트남전쟁과 관련한 4자 회의를 개최하자고 선언했다. 1968년 5월 13일, 베트남민주공화국과 미국간의 첫 회의가 프랑스 파리에서 열렸다. 5개월 이상 걸린 이 회의는 28차례의 공개 회의와 12차례의 고위급 비밀 회담, 다양한 수준의 개별 접촉 끝에 10월 27일 기본적인 문제를 합의하기에 이른다.

베트남남부해방민족전선
– 그리고 베트남남부공화임시혁명정부

남부 베트남 마을 대부분은 베트남남부해방민족전선의 근거지였다.
마을의 농민들은 이들의 뿌리이자 투쟁의 원동력이었다. 응오딘지엠
정권은 농민들과 남부해방민족전선 사이를 갈라놓아야만 했다. 그리하
여 그들은 새로운 '마을'을 만들고 농민들을 그곳으로 강제 이주시켰다.
그러나 수천년 동안 이어져 내려온 마을이 하루아침에 새롭게 이루어
질 수는 없는 법이다. 더구나 삶의 터전이 고향 마을에, 집 근처에 놓여
있는 이들에게는 삶의 터전이 사라지는 것은 곧 정신적 충격 그 이상이
었다. '농촌근대화'와 '반공'을 기치로 내세웠지만 전략촌 내부에서는 자

까마우 마을: 베트남 남부 까마우와 인근 지역 사람들은 물길을 내고 수상마을을 만들어 산
다. 이들은 물길을 따라 곳곳으로 이동하는 데 익숙하다.

나깨나 농민들을 감시해야 했고, 외부에서는 베트남남부해방민족전선을 경계해야 했다. 더구나 자치를 이루던 마을에서는 대부분 불교 혹은 고유한 형태의 종교를 따르고 있었는데, 군사적 행정통제와 함께 종교 또한 가톨릭으로 개종하도록 종용했다.

그들의 시도에도 불구하고 현실의 마을 사람들은 그렇게 고분고분한 이들이 아니었다. 강제로 시키는 일이라면 어떻게든 거부하는 것이 인지상정이다. 더구나 총칼로 무장하고 시키는 것이라면 더욱 의심해야 한다. 앞으로는 고개를 숙이면서도 뒤에서는 제 의지를 더욱 굳건히 다진다. 임계점에 다다르면 언제든지 봉기로 터져 나올 수밖에 없었다. 더구나 전략촌에서는 강제동원으로 노동력을 착취하였고, 자유롭게 오가는 사람들에게 자유를 박탈함으로써 불만을 가중시켰다.

남부 베트남에서는 1968년부터 베트남남부해방민족전선의 위상이 크게 강화되었고, 해방된 지역에서는 지방 혁명 정부가 자발적으로 수립되기 시작했다. 곳곳에서 해방인민위원회가 결성되었다. 남부의 많은 지방에서 '혁명 인민 평의회'를 선출하여 농민들에게 토지 사용권을 제공하였다. 이렇게 되자 이러한 지방 혁명 정부를 아우르는 중앙 혁명 정부를 수립하는 문제가 부상한다. 특히 국제적 협상을 위해서도 남부를 대표하는 정부가 필요했다.

이러한 현실적 요구에 따라 1969년 5월 25일, 베트남남부해방민족전선과 베트남민족민주 및 평화세력연맹 간 회의가 열려 베트남남부인민대표대회를 소집하는 문제가 논의되었다. 베트남민족민주 및 평화세력연맹은 뗏 총공세와 인민봉기 기간에 결성된 도시의 진보적 정치 조직이었다.

1969년 6월 초 베트남남부인민대표대회가 떠이닝성에서 열렸다. 이

누이바덴: 1960년 떠이닌 지역 사람들이 신성시하는 '검은 할머니 산' 정상에 미군이 주둔하여 정찰 활동을 개시한다. 이 지역은 베트남남부해방민족전선의 근거지였다.

대회에는 정당과 민족과 종교, 인민과 무장세력, 청년 등 애국세력을 대표하는 대표단이 참석했다. 대회의 준비위원장은 응웬흐우토(Nguyễn Hữu Thọ) 변호사였다.

이 대회에서 베트남남부공화임시혁명정부 수립이 의결되었다. 이제 이 베트남남부공화임시혁명정부가 남부를 대표하여 모든 국내외 업무를 관장하게 된 것이다.

베트남남부공화임시혁명정부는 주석, 부주석 및 국방부, 외교부, 내무부, 경제-재정부, 정보-문화부, 교육-청년부, 보건-사회-상이군인부, 법무부로 내각을 구성했다. 주석은 후인떤팟(Huỳnh Tấn Phát), 부주석은 풍반꿍(Phùng Văn Cung), 응웬반끼엣(Nguyễn Văn Kiết), 응웬도아(Nguyễn Đóa)였다. 자문회의 주석에는 응웬흐우토(Nguyễn Hữu Thọ), 부주석은 찐딘타오(Trịnh Đình Thảo)였다. 초기 수도는 베트남남부해방민족전선의 기지와도 같았던 떠이닌이었고, 1973년 무

누이바덴용사기념비: 누이바덴 아래에서 베트남남부해방민족전선의 제7정찰연합대는 10여 년 동안 미군과 끈질긴 전투를 벌였다. 1970년대 미군은 산 정상에 헬기장과 특공대대를 주둔시켰다. 이후 1975년 1월 6일 수많은 희생을 치르면서 정상을 탈환했다.

렵에는 베트남 중부의 꽝찌성에 두었다.

베트남남부공화임시혁명정부는 출범 첫달에 쿠바와 알제리를 비롯하여 23개국의 승인을 받고 대사급 외교 관계를 수립했다. 그리고 30여 개국으로 승인 국가가 늘어났다. 출범과 함께 베트남남부공화임시혁명정부 대표단은 캄보디아 왕국, 라오스 애국전선, 소련, 중국, 알바니아, 폴란드, 불가리아, 쿠바, 독일 민주공화국, 헝가리, 몽골, 체코슬로바키아, 북한과 같은 사회주의 국가들을 방문했다.

이에 따라 베트남 문제와 관련한 국제 회의의 협상 테이블에도 남부를 대표하는 자격으로 베트남남부공화임시혁명정부가 참석하게 되었다. 1975년 4월 30일 베트남공화국이 패망하자 베트남남부공화혁명임시정부가 공식적으로 정권을 인계받아 베트남남부공화국이 되었다. 이후 1976년 7월 2일 베트남민주공화국과 베트남남부공화국이 하나의 통일국가가 되어 베트남사회주의공화국이 탄생했다.

지상의 지옥, 꼰다오

베트남 남부 호치민시에서 비행기로 40여 분 떨어진 섬 꼰다오. 이 섬은 베트남의 응웬왕조가 섬을 통치할 관리를 보내면서 본격적으로 개척되었다. 그 이전 선사시대부터 이 섬에는 사람들이 살고 있었다. 베트남 중부지역에서 융성한 사후인(Sa Huỳnh)문화에 속해 있었다. 크지 않은 항아리지만 유골을 묻는 장례풍습도 같았다.

산에서는 물이 흘러내렸고 곧잘 비가 내렸다. 바닷가 근처지만 우물을 파면 용천수도 흘러나왔다.

꼰다오에 가까워지자 갑작스럽게 비바람이 몰아쳤다. 프로펠러 비행기는 바람에 흔들리더니 주변을 한 바퀴 돌면서 기상상황에 따라 착륙여부를 결정한다고 했다. 그리고 20여분이 지나자 조금 더 선회비행을 한 후 착륙해 보겠다고 한다. 그렇게 40여분이 걸릴 비행시간은 2시간이 되어 버렸다. 그런데 이런 일은 종종 있는 것 같았다. 착륙하는 순간 비행기에 있던 사람들이 박수를 치며 환호했다. 섬은 그렇다. 갑자기

푸선 수용소(좌): 꼰다오에는 푸하이(Phú Hải) 수용소를 비롯하여 푸선(Phú Sơn) 수용소, 푸끄엉(Phú Cường) 수용소 등이 있다. 이 수용시설은 프랑스 식민 시기에 건설되기 시작하여 1975년까지 계속 확대되었다. 사진은 푸선 수용소 입구. **고문실 재현(우)**: 경찰서와 관청이 있는 인근 거리의 고문실. 고문으로 죽으면 모래사장에 그대로 방치하듯 묻었다.

불어오는 바람과 비. 섬에 도착하고 두어시간이 지나자 비는 그치고 바람이 선선하게 불었다.

아름다운 섬. 그러나 과거에는 '지상의 지옥'이란 이름으로 불렸다. 프랑스 식민정부에 이어 미 제국주의를 등에 업은 베트남공화국도 이곳에다 정치범과 사상범을 가두고 고문하고 처형했다.

꼰다오에서는 무엇보다 '프랑스식'과 '미국식'으로 구분되는 '타이거 케이지(Chuồng cọp, 철창우리)'가 악명 높았다. 1970년 7월, 미 의회 보좌관이던 톰 하킨과 통역 돈 루스가 시찰단을 이끌고 비공개 구역의 문을 열었을 때, 쇠창살 아래 엎드린 채 상처와 탈수로 신음하는 수백 명의 정치범들이 카메라 앞에 드러났다. 사진은 「라이프(LIFE)」지에 실렸고, 미국 의회가 해외 경찰·감옥 지원 예산에 제동을 걸 만큼의 파장을 일으켰다.

철창우리에 갇힌 채 고문을 당해 실명한 '눈이 먼 여섯번째 어머니(Mẹ Sáu mù)' 응웬티치(Nguyễn Thị Chi)도 있었다. 그녀는 나이가

고문실 옆 독방(좌): 고문을 하다가 가둬 두는 독방은 손바닥만 한 직사각형의 숨구멍을 제외하고는 사람이 드나드는 철문과 콘크리트로 사방이 막혀 있다. **철창 우리(우)**: 꼰다오에는 닭장 우리, 소 우리, 호랑이 우리 감옥으로 불리며 악명 높은 고문이 이루어지던 철창 우리 독방들이 있었다. 석회를 끼얹었거나 대나무로 찔러대면서 끊임없이 괴롭혔다.

항께오(위): 항께오(Hàng Keo)는 수용소 앞 바닷가 모래사장에 만들어진 초기의 무덤밭이다. 일부 발굴하여 항즈엉으로 옮겼지만 아직도 대부분의 유해가 이곳에 묻혀 있다. **수용소 (아래)**: 총 127개의 대형 감방과 42개의 독방, 504개에 이르는 철창 우리가 꼰다오 섬에 건설되었다. 꼰다오에는 팜반동과 레주언 등의 인물들도 수감되어 생사를 오갔다. 그러나 그들은 이곳에서 이론을 공부할 수 있는 시간을 가진 것으로 알려진다.

914부두: 꼰다오로 들어오는 대표적인 항구다. 이 항구를 건설하는 데 죽어간 914명의 사람들을 기리기 위해 부두의 이름을 914부두라 지었다.

많고 병약했지만 다른 수감자들에게 어머니 같은 존재로 여겨졌다. 가장 절망적인 상황에 놓인 것 같은 그녀가 눈은 멀었지만 늘 수감된 동료들에게 절망적 상황에서도 희망을 잃지 않도록 오히려 격려하고 돌봐주었다. 그렇게 감옥 안에서 그녀는 심리적 정신적으로 다른 수감자들의 어머니와 같은 역할을 했다.

914부두는 1873년 이 섬을 다스리던 영주의 집 앞에 만들어진 것을 프랑스 식민정부가 수용자들을 동원하여 1930년까지 지속적으로 돌을 운반하여 만든 것이다. 이 부두는 지옥의 문이었다. 지금은 한가로운 해변의 물이 낮게 찰랑거린다. 돌을 깨서 운반하던 수용소 사람들의 피가 묻은 부두에는 이제 젊은 사람들이 기념촬영을 하거나 낚시를 즐기는 이들이 앉아 있다.

보티사우 경찰서: 보티사우는 이 경찰서로 끌려왔다가 처형당했다. 그녀의 하얀 동상이 세워져 있다.

1975년 5월 1일 오전 8시. 이 아름다운 섬의 지상지옥은 멈췄다. 1862년부터 1975년까지 수많은 죽음이 이어진 곳. 113년 동안 프랑스의 식민정부와 베트남공화국이 이곳을 이용했다.

죽은 자들이 살아가는 곳이었다. 산다는 것이 무엇인지 다시 생각했다. 그 고문을, 그 독방을, 그 두려움과 분노와 절망을 어떻게 견뎌낼 수 있었을까? 죽음을 맞으면서 그들이 품은 마지막 생각은 무엇이었을까? 아직도 수많은 죽은 자가 이렇게 살아가는 섬이었다.

1952년 1월 22일, 19세 소녀가 이곳으로 끌려온다. 반프랑스 무장

독립투쟁을 벌이던 투사 보티사우. 그녀는 1933년 베트남 남부의 '붉은 땅' 마을에서 태어났다. 14살의 나이에 베트남독립동맹회에 합류하여 통신병 겸 연락병으로 활동했다. 그후 그녀의 주요 임무는 프랑스 군대와 협력하는 베트남인들을 대상으로 한 게릴라 작전과 암살 활동을 수행하는 것이었다. 자신의 고향에 주둔하던 프랑스군 군부대장을 암살하려다 실패했으며 프랑스 군인이 운영하는 식당에 수류탄을 투척하기도 했다. 16세에 프랑스 당국에 체포당할 때에도 격렬한 총격전을 벌였다. 재판과정에서 18세가 되지 않은 소녀라는 이유로 사형을 언도해서는 안 된다고 변호했으나 결국 사형을 선고받았다.

여론이 악화되자 프랑스 식민정부는 그녀를 몰래 처형하기 위해 꼰다오로 이송하기로 결정한다. 그녀의 처형은 이미 정해진 상태였다. 그녀가 도착하자 꼰다오 수감자들은 몇 명을 지정하여 비밀리에 그녀를 도왔다. 처형전까지 정신을 굳건히 하도록 당부하면서 밥을 가져다 주는 등 마음을 거들었다. "걱정마세요. 저는 민족의 독립을 위해 싸우는 삶의 길을 선택했고 제게 걸맞은 죽음 또한 선택할 줄 압니다. 모든 분들께 안부를 전합니다." 그날 밤 그녀는 밤새 노래를 불렀다고 전한다. 군가에서 동지들과 부르던 구슬픈 노래까지. 수많은 감옥의 동지들이 그 노래를 듣고 눈물을 흘렸을 것이다. 그리고 분노와 희망의 마음을 다시 굳게 일으켰을 것이다. 프랑스 식민정부 경찰은 1952년 1월 23일 새벽 4시 그녀를 이송한 후 아침 7시에 총살했다.

그녀는 "내 조국의 산하를 보며 죽겠다. 총부리는 두렵지 않다"면서 눈가리개를 거부하고 "베트남 독립 만세"를 외치며 죽음을 맞았다. 산 자가 따르도록 자신의 죽음을 역사속으로 내던진 것이다.

그녀는 이곳 꼰다오에 묻혀 있다. 이 섬을 찾는 베트남 사람이라면

항즈엉 입구(좌): 꼰다오의 대표적인 희생자 무덤이다. 주변에 흩어진 유해들을 발굴·수습하여 이곳에 안장했다. **보티사우 무덤(우)**: 이곳을 찾는 사람들이 가장 먼저 향을 사르고 절을 하는 곳. 그녀는 반프랑스 독립투쟁의 상징이 되었다.

그녀의 무덤에 참배하지 않을 수 없을 것이다. 프랑스 식민정권과 베트남공화국 정권이 머물던 해변의 즐비한 집들이 지금은 고급리조트로 바뀌어 있다. 그 바로 옆에 악명 높은 감옥들이 남아 있고 고문하고 죽이던 장소들도 남아 있다.

2025년 9월 붉은 달이 뜨던 날 나는 꼰다오의 쌀호텔에 있었다. 고요한 섬에서 나는 유난히도 밤새 골아 떨어졌다. 그리고 새벽에 일어나 길을 나섰다. 우선은 항즈엉(Hàng Dương) 묘역을 가야했다. 지도에는 멀게 나와서 차를 불렀는데 5분도 채 걸리지 않았다. 그리고 7시에 문을 연다고 했다. 40분 동안 그 앞에서 서성거리며 기다렸다. 쌀국수를 파는 곳도 없었다.

문을 열자 마자 같이 기다리던 서너 명 베트남 사람들이 내게 들어가자며 손짓을 하고 꽃을 든 발걸음을 옮겼다. 맨 먼저 그들을 따라 함께 간 곳은 보티사우의 무덤. 그들은 수많은 향을 피우고, 그녀의 무덤과

항즈엉 추모탑(좌): 항즈엉 묘역으로 들어서면 보이는 추모탑. 탑신에는 베트남 민족의 대표적 상징인 청동북(銅鼓)의 사람과 배를 비롯한 기하학적 문양들이 새겨져 있다. **항즈엉 묘역 (우)**: 항즈엉 묘역의 무덤은 대부분 별을 하나씩 달고 이름이 없다. 무덤은 각각 나무 그늘 아래나 낮은 언덕에 조성되어 있어서 자연스러우면서도 고즈넉하고 정겨웠다.

인근 무덤들마다 향을 피워 올렸다.

주변을 둘러보자 나무 그늘 아래 돌로 조그맣게 쌓아 올린 무덤들은 별 하나씩을 달고 있었다. 추모탑 별 기둥에는 오랜 베트남 민족의 상징들이 조각되어 있었다. 무덤 앞의 별 기둥은 이 추모탑과 비슷해 보였다.

제각각 마을에 집을 지어 살아가듯 높은 곳 낮은 곳 이웃한 곳 혼자 떨어진 곳에 무덤들은 살아 있는 듯 마련되어 있었다.

수만 명의 독립투사가 묻혀 있는 곳. 인근 바닷가에 있던 수만의 독립투사들은 모래밭에서 유해로 발굴되어 이곳 한 지역에 줄지어 묻혔다.

몇 시간째 섬 곳곳을 걷다가 나는 베트남의 도이머이의 흐름 그 아래에는 이들의 희생이, 눈물과 피와 땀이 그리고 목숨과 분노가 놓여 있다는 생각이 들었다. 무엇이 이들을 이렇게 목숨을 건 독립투사로 만들었을까?

보티사우의 희생을 기리기 위해 1952년 1월 23일 저녁, 수감자들은

보티사우묘비: 수감자들이 시멘트로 만든 보티사우의 묘비. 또 다른 저항의 상징물이다. 대리석으로 된 묘비도 나란히 무덤 앞에 세워져 있다.

조금씩 모은 시멘트로 비석을 만들어 그녀의 이름과 고향, 사망 날짜를 새겨 묘지에 세웠다. 잊지 않기 위함이었다. 다음날 아침, 꼰다오 교도소 지휘관인 자르티(Jarty)는 비석을 부수고 묘를 평평하게 만들었지만, 수감자들은 몰래 시멘트를 모아 비석과 묘를 다시 세웠다.

1960년, 꼰다오 부지사로 부임한 땅뜨(Tăng Tu)는 불치병에 걸린 아내를 위해 보티사우에 대한 이야기를 듣고 몰래 제단을 차렸다. 1964년 땅뜨가 지사로 승진하고 아내가 병이 낫자, 부부는 감사의 제사를 올리고 묘지를 복원하기 위해 허락을 구했다. 땅뜨의 아내는 사이공의 쩌런(Chợ Lớn)에서 '열사 보 티 사우, 1933년 바리아 출생, 1952년 1월 23일 사망'이라고 새겨진 비석을 가져와 기존 비석 옆에 세웠다. 물론 공식기록으로 자르티와 땅뜨 등과 같은 인물이 명확히 확인되지는 않는다. 하지만 그런 직책도 있었고, 추정 가능한 인물들도 거론되고 있다.

이후 '보 티 사우는 매우 신령하여 누구도 그녀의 묘를 부술 수 없으며 묘를 파괴하라고 직접 명령한 사람들은 며칠 안에 갑작스럽게 사망하거나 정신 이상이 되었다'는 전설이 퍼졌다. 꼰다오 사람들은 하늘이나 귀신 대신 '보 사우가 증명한다'고 맹세하게 되었다.

새롭게 보티사우의 무덤을 보수하기 위한 공사를 시작하기 전에도 향을 피우고 허락해 주기를 바라는 간절한 기도를 올렸다. 나이 든 인부가 망치로 옛 묘를 부수고 공사가 순조롭게 이루어졌다. 현재 그녀의 묘 앞에는 기존 비석 두 개가 파손되지 않고 세워져 있다.

항즈엉에는 1900여 기의 묘가 있다. 더운 햇살을 피해 나무그늘에 조성되어 있으며 얕은 언덕과 낮은 평지에 자연스럽게 묘가 조성되어 있다. 마치 시골 마을 집들이 오밀조밀 자연스럽게 지어진 것처럼 보였다. 그 묘들의 대부분은 이름이 없다. A구역에는 1945년 이전에 사망한 사람들의 유해가 모셔져 있는데 그중 91기는 이름이 있으나 597기는 이름이 없다. 이름없는 묘 가운데에는 여러 유해가 함께 모셔진 무덤도 7기가 포함되어 있다. B구역에는 1945년에서 1960년 사이에 사망한 사람들이 모셔져 있다. 276기는 이름이 있지만 419기의 묘는 이름이 없다. 이름없는 묘 가운데 17기는 여러 유해가 함께 모셔져 있다. C구역의 묘는 1960년에서 1975년 사이에 사망한 사람들의 묘다. 332기는 이름이 있지만 41기는 이름없는 묘다. 여러 유해가 모셔져 있는 무덤은 1기다. D구역에는 14기의 이름이 있는 묘와 144기의 이름없는 묘가 있다. 이 구역의 묘들은 항께오와 인근 지역에서 발굴한 유해들을 수습해 조성한 묘역이다. 인근 바닷가 모래밭에 아무렇게나 매장된 유해들을 발굴해서 안장한 묘역이다.

메수옷 넛레(위): '어머니 수옷(Suốt)'의 본명은 응웬티수옷(Nguyễn Thị Suốt)이다. 1906년 동허이(Đồng Hới)에서 태어난 그녀는 전쟁이 터지자 넛레(Nhật Lệ) 강변 나루터에서 군인들을 배로 실어 날랐다. 폭격과 총탄의 위험 속에서 수천 번씩이나 강을 오가며 군인들을 나르고, 밥과 삶은 고구마를 건네던 그녀는 결국 공습으로 강에서 죽음을 맞았다. **동허이 교회 유적(아래)**: 1886년 지어진 교회는 1965년 미군의 폭격으로 무너지고 종탑과 석조 기둥만 남아 오늘날까지 넛레 강변에 서 있다.

녓레 강: 동허이를 남북으로 가르는 강줄기는 베트남 동쪽 바다로 이어진다. 역사적으로 이 강은 지리상의 경계가 되었다.

이렇게 10대 여성들이 무장투쟁에 나서고 혁명의 길에 목숨을 걸고 참여했다는 점은 베트남에서 더욱 두드러진다. 한국에도 수많은 여성 독립투사들이 있다. 하지만 무장투쟁에 나서 군대를 이끌고 장군의 지위에 오른 인물은 전세계적으로도 찾아보기 어렵다. 자그마한 몸집에 다부진 얼굴 그리고 부드러운 손에 다잡은 무기와 일렁이는 검은 눈빛. 도시가 아닌 지방의 가난한 집안 출신들이 유난히 많았다. 늘 억압받고 착취당하던 현실에서 혁명의 가슴앓이가 피어난 것이다. 목숨을 내던지는 이들의 투쟁은 이론을 공부한다고 만들어지는 것이 아니었다. 가슴 깊은 곳에서 견딜 수 없어 터져 나오는 것이었다. 베트남의 역사에서는 기원후 40년의 하이바쯩(Hai Bà Trưng)에서부터 바찌에우(Bà Triệu)를 비롯한 10대 여성 영웅이자 장군들을 쉽게 찾아볼 수 있다.

안산묘: 꼰다오 섬 사람들이 찾는 안산묘. 응웬 왕조의 후궁과 왕자의 전설이 서려 있는 이 사당은 1785년 섬사람들이 지었다. 1861년 프랑스 군인들이 섬을 점령하자마자 섬사람들을 쫓아내면서 이 사당도 폐허가 되었다. 사진은 다시 세운 안산묘의 여신.

젊은 여성들은 무장투쟁에 나서고, 어머니는 마을에서 아이들을 키웠다. 수십 년간 이어지는 전쟁에서 아이들은 아버지의 뒤를 이어 전장으로 다시 나아갔다. 남은 어머니는 마을에서 삶을 꾸리고, 애도하며 살아갔다. 집을 나선 남편과 아이들은 대부분 돌아오지 못했다. 베트남에서 '마을'은 이런 여성들이 살아가는 마을이었다.

이제 잠시 이야기의 흐름을 돌려 프랑스의 베트남 침략 시기로 거슬러 올라가 보자. 왜 그렇게 강력한 반프랑스 독립투쟁이 벌어졌는지, 국내외에서 어떠한 운동이 벌어졌는지, 우리 독립투쟁과는 어떻게 비슷하고 다른지를 살펴보자.

5

회고 — 프랑스의 침략과 저항

5

유년의 호치민

2025년 설이 지날 무렵 훼는 온통 부슬비가 내리면서 안개처럼 흐엉(Hương)강을 덮고 있었다. 베트남의 마지막 왕조인 응웬왕조의 수도. 사실 베트남 사상사에서 응웬왕조는 내 관심의 우선 순위에서 한참 뒤로 밀려나 있었다. 외세인 프랑스와 결탁해서 출발한 왕조라는 거부감이 강하게 작동한 탓이다.

바람은 불지 않았고 강은 고요했다. 20년 전 즈음 여름, 흐엉강이 넘쳐 도시가 온통 물에 잠긴 적이 있다. 사람들은 배를 타고 다녔고 나는 호텔에 고립되어 있었다. 그때 폐허가 된 황궁 등지를 다니면서 응웬왕조의 사람들도 눈물겨운 노력을 기울였겠구나 하는 생각이 들었다. 특히 칠성의 별자리가 나의 눈길을 끌었었다.

사상사적으로 응웬왕조에서 주목할 시기는 프랑스의 침략을 받으면서 봉건왕조로서 대응하던 때다. 근왕운동과 경신사상, 그리고 남부와 북부에서 일어난 인민의 자발적 움직임들이 주요 관심사였다. 판딘풍(Phan Đình Phùng)의 흐엉케(Hương Khê) 기의는 전통적 유학자들이 일으킨 마지막 봉기였다. 그 후 유학자 지식인들은 다양한 흐름들을 보인다. 특히 북부와 남부의 마을에서 일어난 티엔단(Thiện đàn) 운동과 브우선끼흐엉(Bửu Sơn Kỳ Hương) 운동이 중요하게 여겨진다.

내가 베트남의 북부에서 남부를 오가며 훼에 며칠씩 머물던 때에는 주로 응웬왕조의 황궁과 민망(Minh Mạng), 뜨득(Tự Đức), 카이딘(Khải Định) 황제의 능을 둘러보는 수준이었다. 그러다가 훼에 내가 다시금 관심을 가지게 된 것은 유년기의 호치민 때문이었다. 1890년생인 호치민의 출생지는 '개가 돌을 먹고 닭이 자갈을 먹는' 응에안(Nghệ

흐엉강: 흐엉(Hương, 香)강은 훼를 가로지르며 응웬 왕조의 황궁을 끼고 흐른다. 역사적으로 중요한 수로 역할을 했다.

응옥선(위): 하노이의 응옥선(Ngọc Sơn, 玉山) 사당은 쩐흥다오(Trần Hưng Đạo, 陳興道) 장군을 모시고 있으며, 티엔단(Thiện Đàn) 운동을 비롯한 중요한 사건의 배경이 된 역사적 무대다. **남딘 티엔쯔엉(아래)**: 남딘(Nam Định) 지역의 티엔쯔엉(Thiên Trường) 사당은 쩐(Trần, 陳) 왕조의 황제를 모신 사당으로, 티엔단 운동의 중심지였다.

바추어쓰 자리(좌): 처우독(Châu Đốc)의 누이삼(Núi Sam) 정상에는 바추어쓰(Bà Chúa Xứ) 성모의 상이 있었다. 지금은 기슭에 사당이 지어져 있고 이곳에는 그 흔적만 남아 있다. **서안사(중앙)**: 처우독의 서안사에는 브우선끼흐엉 운동을 이끈 펏터이떠이안(Phật Thầy Tây An, 西安佛師)의 무덤이 있다. 남부의 호아하우(Hòa Hảo) 불교 등 여러 종교에 영향을 끼쳤다. **가인(우)**: 어깨에 지고 다니는 가인은 베트남을 비롯한 동남아시아 여러 나라에서 쓰인다.

An)이었다.

1895년 어린 나이의 호치민은 어머니의 가인(Gánh)에 실려 응에안에서 훼로 옮겨왔다. 1900년 동생을 낳자마자 어머니와 동생이 죽음을 맞았다. 이렇게 호치민은 10대의 대부분을 프랑스 식민주의자들의 탄압과 억울한 수탈에 신음하는 가난한 동포들의 모습을 보며 자란 곳이 훼였다.

식민지 정권의 하수인이 되어버린 봉건왕조에서 관직살이를 했던 부친을 따라 어린 나이에 삶의 신산함을 그도 느꼈을 것이다.

부친은 남부지역을 떠돌며 유랑지식인의 삶을 살다가 동탑(Đồng Tháp)에서 생을 마감한다. 살아남은 형과 누나 역시 반프랑스 독립투쟁의 길에 나서 평생 독신으로 지냈다.

어머니를 잃은 후에는 부친을 따라 중부와 북부를 떠돌게 되는데 1905년 무렵에는 빈(Vinh)시에 있는 프랑스 소학교 예비반에 입학한다. 그는 그곳에서 자유, 평등, 박애라는 구호를 처음으로 접하게 된다. 1906년에는 훼에 있는 프랑스 소학교 초급반으로 진학한다.

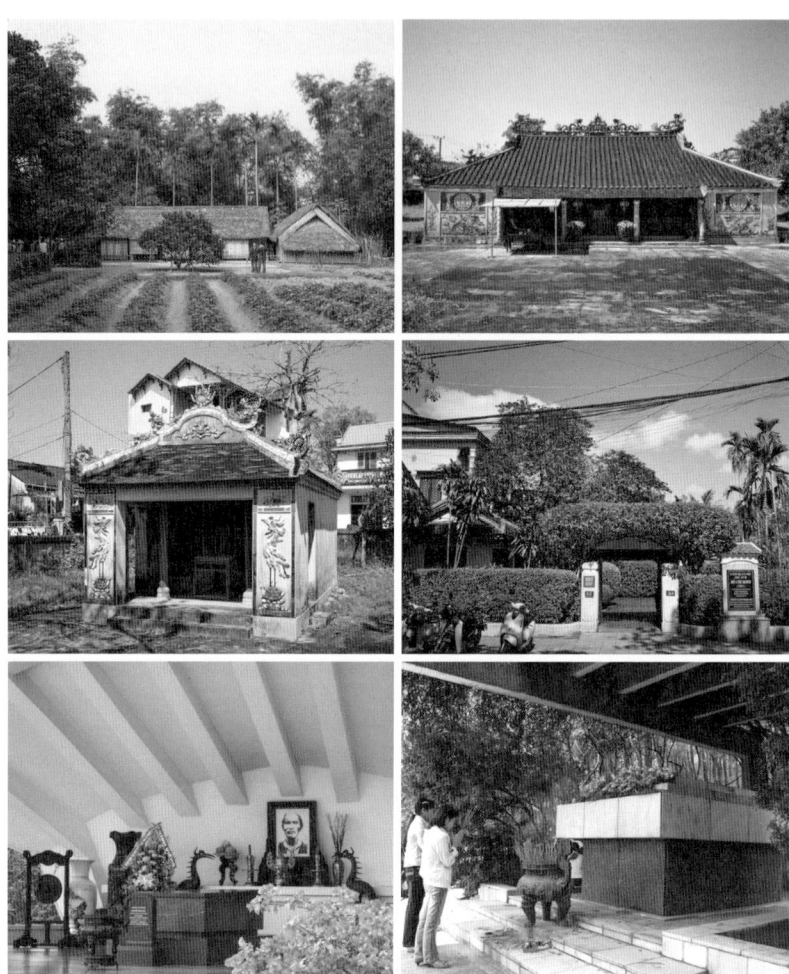

왼쪽 위에서부터 **랑센 생가**: 호치민은 베트남 중부 응에안(Nghệ An) 지방의 랑센(Làng Sen, 연꽃마을)에서 태어났다. 그가 누워 있는 영묘도 연꽃의 이미지를 담고 있다. **딘랑 즈엉노**: 호치민이 훼로 옮겨와서 머물던 즈엉노(Dương Nỗ) 마을의 사당. 이곳은 열 살이 채 되지 않은 호치민의 놀이터였다. **즈엉노 암바 사당**: 암바(Am Ba) 사당도 어린 호치민이 자주 찾던 곳이다. 인근 지역에서 살던 참(Chăm)족들이 모시던 여신을 베트남 사람들이 받아들이면서 세운 것이다. 참족은 주로 힌두교의 영향을 받았지만 일부는 이슬람교를 믿기도 한다. **훼 호치민 집**: 즈엉노에서 다리를 건너 훼에서 가장 큰 흐엉강변의 동바(Đông Ba) 시장을 지나면 호치민이 어린 시절 머물던 또 다른 집이 나온다. 그 집은 그의 부친이 관직으로 나가기 전 임시로 머물던 곳이다. **동탑 응웬신삭 묘**: 관리는 노예 중의 노예라는 말을 남기고 유랑지식인의 삶을 선택한 호치민의 부친 응웬신삭의 무덤. 곳곳을 떠돌다 동탑(Đồng Tháp)의 이 마을에 살면서 사람들을 가르치기도 하고 병도 고쳐주었다. 부인이 죽은 후에는 가족들이 뿔뿔이 흩어져 살았다. **어머니 묘**: 호치민의 어머니는 응에안의 고향 마을 인근에 묻혀 있다.

1908년 초에 프랑스 식민정부의 과도한 세금에 대한 불만이 농촌지역까지 번져 나갔다. 세금인상과 강제노역, 관리의 부정부패에 항의하는 시위가 일어나기 시작했다. 봄이 되자 훼에서도 조세 저항 운동의 시위가 벌어졌다. 국학에 다니던 학생 호치민은 수많은 농민들이 훼 거리로 모여들어 시위하는 모습을 보았다. 농민들은 관리들과 군인들에 맞서 대치하며 협상을 요구했다. 안남을 담당하던 고등주차관 레베끄(Fernand Ernest Lévecque)와 시위 대표자들간에 협상이 벌어졌다. 이때 학생 호치민이 통역을 맡았다. 당연히 통역은 베트남 농민의 편으로 기울어질 수밖에 없었다. 그리고 시위에 함께 참여한 것으로 보인다. 결국 협상이 결렬되고, 프랑스군은 시위대에 총격을 가했다. 수많은 사상자가 발생했다. 시위대가 흩어지고 숨어 있던 학생 호치민은 다음날 학교로 들이닥친 프랑스 군경의 퇴학명령서에 의해 퇴학당했다. 이 사건으로 그의 부친은 견책을 받았고, 이때부터 호치민은 프랑스 경찰의 감시를 받았다.

국학 정문(좌): 훼에 있던 국학은 당대 최고의 교육기관이었다. 이곳에서 호치민은 프랑스어를 배우고 비참한 식민지의 상황을 경험하는 한편 민족 교육을 지향하는 교사들에게 독립과 애국의 정신을 배웠다. **국학 동상(우)**: 국학 안에 세워진 호치민의 동상. 당시의 이름인 응웬 떳타인(Nguyễn Tất Thành, 阮必成). 무엇을 반드시 이루라는 것이었을까?

항세운동지(좌): 국학에서 멀지 않은 흐엉강변, 쯔엉띠엔(Trường Tiền) 다리 옆에 세워진 항세운동 기념비. 이 운동에 참여하고 활동하면서 호치민은 프랑스 경찰의 감시를 받기 시작한다. **죽타인 학교(우)**: 훼에서 한참 남부로 내려간 판티엣(Phan Thiết)의 죽타인(Dục Thanh, 育靑) 학교. 이 학교는 베트남의 민족학교였다. 호치민은 이곳에서 6개월 동안 교편을 잡기도 하지만, 곧바로 사이공으로 내려간다.

　우여곡절 끝에 1910년 6월 소학교 과정을 모두 마친 그는 부친과 헤어져 홀로 남쪽으로 떠났다. 판티엣(Phan Thiết)의 죽타인(Dục Thanh)학교에서 잠시 교편을 잡기도 한 그는 1911년 2월 사이공으로 내려간다. 그곳에서 그는 가난한 청년들과 어울리면서 함께 일하고 식민 지배 아래서 살아가는 노동자들의 고통을 몸소 경험했다. 그리고 그의 파란 만장한 여정이 시작된다. 유럽과 미국, 아시아와 아프리카, 그리고 소련과 중국을 거쳐 까오방의 팍보로 들어오는 30년 여정이 그를 기다리고 있었던 것이다.

　호치민에게 영향을 끼친 두 명의 인물이 있다. 멀지 않은 곳에서 살았기 때문에 부친과 종종 교류하던 판보이처우(Phan Bội Châu). 그는 유학자로서 동유운동을 이끌며 무장투쟁을 벌인 인물이다. 독립을 쟁취한 뒤에는 입헌군주제 국가를 세우고자 했다. 물론 나중에는 중국과 일본을 방랑하면서 점차 입헌군주제에서 공화제로 그 신념이 바뀐다. 하지만 그를 지지하는 세력, 끄엉데(Cường Để)와 같은 인물과 남부베

판보이처우 사당(좌): 옛 고향 집에는 사당과 기념관이 조성되어 있다. 유신회를 비롯한 수많은 조직을 꾸려 동유운동을 전개하고 무장투쟁을 병행했다. 그가 서술한『월남망국사』는 당시 조선의 독립운동가들에게 큰 영향을 끼쳤다. **판추찐 사당(우)**: 오늘날 호치민시에 있는 그의 묘역과 함께 마련되어 있다.

트남의 지원세력 등이 모두 입헌군주제를 표방하고 있었기 때문에 엉거주춤한 상황이었다. 무엇보다 독립이 우선이었고 새로운 나라의 정체는 그 다음으로 미룰 수는 있었다.

판추찐(Phan Chu Trinh)은 민중의 지혜를 열고 민의 기개를 진작시키는 일이 먼저라고 보았다. 그래서 프랑스의 문명을 역이용하여 프랑스로부터 여러 측면을 배워 베트남의 실력을 향상하는 것이 중요했다. 따라서 그는 군주제를 걸림돌로 여겼고, 이를 타파해야 할 것으로 보았다. 판보이처우와의 만남에서도 이 측면에서 둘의 입장차이는 좁혀지지 않았다. 프랑스에서 호치민과 만나 여러 의견을 교환하기도 했다.

하지만 이 둘의 노선을 호치민은 따르지 않았다. 여전히 기존의 흐름에 얽매여 있었기 때문이다. 세계적인 안목을 점차 넓혀가고 있던 젊은 호치민으로서는 무언가 거대한 전환을 이루지 않고서는 강력한 프랑스를 비롯한 아시아와 아프리카를 휩쓸고 있는 식민주의를 종식시켜 독립을 쟁취할 수 없을 것 같았다.

베트남의 마지막 왕조

  프랑스의 침략은 베트남의 마지막 왕조인 응웬(Nguyễn)왕조 시기
에 시작되었다. 1775년 떠이선(Tây Sơn) 농민군에 의해 무너졌던 응웬
군주의 후손인 응웬푹아인(Nguyễn Phúc Ánh, 재위 1802-1820)이
세운 응웬왕조다. 응웬푹아인은 떠이선 군의 공격에 남쪽으로 피신하
여 세력을 규합하고 시암의 지원과 프랑스 선교사의 지원을 받으며 맞
섰다. 특히 프랑스인 선교사 피뇨 드 베엔느(Pigneau de Béhaine) 주
교의 적극적인 도움을 받았다. 떠이선 왕조는 꽝쭝(Quang Trung) 응
웬훼(Nguyễn Huệ)가 청의 침략군을 물리친 후 젊은 나이에 갑작스럽
게 세상을 떠나자 세력이 급격하게 약화되었다. 이 기회를 틈타 응웬푹
아인은 프랑스의 함선과 무기를 동원하여 떠이선 왕조를 공격했다. 이
렇게 떠이선 왕조는 몰락하고 그 자리를 응웬왕조가 차지했다.

훼 황궁 오문: 훼 황궁의 정문인 오문(午門).

훼 황궁 태화전(위): 태화전(太和殿)은 황제가 집무를 보던 정전이다. **훼 황궁 건중전(중앙)**: 건중전(建中殿)은 카이딘제와 그에 이은 베트남 응웬 왕조의 마지막 황제 바오다이제가 집무를 보고 생활을 하던 건물이었다. 유럽풍의 건축양식을 많이 받아들였다. **훼 황궁 해자(아래)**: 황궁을 둘러싼 해자는 성을 방어하는 역할 이외에도 흐엉강의 범람을 조절하는 수로 역할을 했다.

왼쪽 위에서부터 **자롱제 릉**: 응웬 왕조의 첫 황제인 자롱제의 능실은 황후와 같이 합장한 형태로 조성되어 있다. 능침은 42개의 크고 작은 언덕 및 봉우리들과 더불어 풍수지리적으로 조화를 이루고 있어 아름답다. **민망제 릉**: 웅장하지는 않지만 황궁을 축소해 놓은 듯한 정원과 누각, 연못이 조화로운 능침이다. 능실은 원칙적으로 폐쇄되어 있는데 일부 다른 황제의 능실도 닫혀 있는 경우가 많다. **티에우찌제 릉**: 응웬 왕조의 능침 가운데 가장 짧은 1년이 안 되는 기간 동안 조성되었다. 그의 검약한 성격이 드러나는 능침은 고즈넉하고 한적하다. **뜨득 제 릉**: 응웬 왕조의 능침 가운데 가장 아름다운 곳이자 대표적인 장소로 꼽힌다. 생전에 사용하던 별궁과 소나무 숲 공원 등이 잘 어우러져 있다

응웬푹아인은 수도를 훼로 정하고 자롱(Gia Long)제에 올랐다. 국호는 베트남이었다. 그는 프랑스 선교사 세력의 도움을 받았기 때문에 가톨릭의 선교와 여러 측면에서 그들의 요구를 수락해야 했다. 하지만 그의 뒤를 이은 민망(Minh Mạng, 재위 1820－1841)제는 프랑스와 서양 세력을 야만인으로 여겼고, 칙령을 내려 가톨릭을 엄격하게 금지했다.

민망제 시기 전국적으로 인민의 봉기가 끊일 날이 없었다. 북부 베트남 지역은 응웬왕조의 힘이 크게 미치지 못했다. 그래서 응웬왕조는 남부 베트남에 대해서는 민감하게 반응했다. 남쪽의 시암이 호시탐탐

영토를 확장하고 있었다. 그리고 그 뒤에는 영국의 지원이 있었다.

강력한 민망제에 이어 티에우찌(Thiệu Trị, 재위 1841–1847)제, 뜨득(Tự Đức, 재위 1847–1883)제로 이어지는 동안 전국적인 봉기는 끊임없이 일어났다. 가톨릭 세력에 대한 탄압과 허용도 갈팡질팡 이어지며 혼란을 더했다.

프랑스와 스페인 연합군 군함이 다낭에서 포격을 개시한 것은 1858년 가을이 시작될 즈음이었다. 뜨득제와 대신들은 주전파와 주화파로 나뉘어 의견이 분분했다. 1862년이 되자 프랑스군은 마침내 수도 훼를 지키는 투언안(Thuận An) 요새를 포격했다. 1862년 6월 5일, 굴욕적인 사이공 조약이 체결되었다. 조약의 주요 내용은 남부의 비엔호아(Biên Hòa), 자딘Gia Định), 딘뜨엉(Định Tường) 등 3개성을 영구 할양하고, 꼰다오(Côn Đảo)를 프랑스에 넘기며, 막대한 전쟁배상금을 지불하는 것 등이었다.

투언안 포대: 훼로 드나드는 해상관문이자 자연적으로 만들어진 항구의 역할을 하던 곳이다. 바다를 통해 황궁으로 들어오는 모든 물자와 인력은 이곳을 거쳐야 했다. 또한 해협을 통과하는 모든 선박을 포격할 수 있는 황궁 방어의 핵심 군사시설이었다. **투언안 등대**: 훼로 들어오는 선박들의 길잡이 역할을 했던 등대.

하노이성 북문: 프랑스군은 압도적으로 우세한 대포로 성문을 포격함으로써 응웬찌프엉 (Nguyễn Tri Phương, 阮知方)이 수비하던 하노이성을 점령했다. 그의 부관이기도 했던 아들도 전사했다. 오늘날 하노이성 북문에는 그의 위패가 모셔져 있다.

코친차이나의 총독이었던 그랑디에르(Picrrc Paul Marie Benoît de La Grandière, 재임 1863-1868)는 1867년 6월 남부 베트남의 다른 지역으로 공격을 확대하여 빈롱(Vĩnh Long), 처우독(Châu Đốc), 하띠엔(Hà Tiên)을 점령하고 남부6성이 프랑스 식민지임을 선언했다. 아울러 이 지역에 대한 조세제도를 공표하는 등 식민지 정책을 시행하기 시작했다.

물산이 풍부한 남부는 프랑스 식민정부가 직접 '코친차이나'라는 이름으로 지배했다. 이런 과정을 통해 베트남 남부와 북부에 대한 균열만이 아니라 베트남과 캄보디아·라오스 사이에도 분열을 조장하여 식민지배를 용이하게 하려했다. 이들 세력 사이에 서로 다툼이 커질수록 프랑스의 식민 지배는 더욱 수월할 터였다. 그들은 베트남의 북부는 통킹으로 중부는 안남으로 분할통치했다.

1873년 11월 프랑스 해군장교인 가르니에(Francis Garnier)가 갑작스럽게 하노이성을 공격하여 점령했다. 그는 프랑스 상인 뒤퓌(Jean Dupuis)와 베트남간의 문제를 해결하기 위해 총독이 파견한 인물이다. 그러나 그는 독자적인 판단으로 하노이성을 공격한 것이었다. 프랑스는 메콩강을 거슬러 윈난까지 가기에는 거의 불가능하다는 사실을 파악한 후 홍강을 거슬러 윈난까지 가는 수로를 개척하려 하였다. 당시 하노이를 지키던 응웬찌프엉(Nguyễn Tri Phương)은 프랑스의 수로 조사에 반대했다. 그는 프랑스의 침략에 맞서 다낭(1858년), 자딘(1861년)에서 전투를 지휘하던 인물이었다. 하지만 갑작스러운 공격으로 중상을 입고 포로가 된 그는 단식투쟁으로 스스로 목숨을 끊었다.

　　훼 조정은 흑기군(黑旗軍)을 이끌던 유영복(劉永福)에게 도움을 요청했다. 태평천국의 난이 끝난 뒤 수천 명에 이르는 세력이 베트남 북부지역으로 옮겨온 후 유영복의 흑기군은 라오까이(Lào Cai)지역을 중심으로 황숭영(黃崇英)의 황기군(黃旗軍)은 하지앙(Hà Giang)지역을 중심으로 할거하고 있었다. 유영복의 흑기군은 훼정부에 우호적이었다. 흑기군의 공격으로 가르니에는 죽음을 맞았다. 1874년 3월 15일 프랑스는 북부지역의 성 전부를 반환하는 조건으로 평화조약을 체결했다. 코친차이나 6성에 대해서는 프랑스의 식민 지배를 공식화했다. 더불어 통상을 위해 하노이와 하이퐁의 항구를 개방하고, 항구마다 프랑스 영사를 주재시키고, 윈난에 이르는 수로를 개방하고, 프랑스인에 대한 재판은 프랑스 영사관이 할 것 등에 대한 제반 사항도 승인했다. 이 조약을 흔히 '제2차 사이공 조약'이라 한다.

죽득제 릉: 죽득제 릉은 훼 시내에 있다. 그의 아들인 타인타이제와 손자인 주이떤제가 같이 모셔져 있다. 타인타이제는 3일 만에 폐위된 아버지 죽득제를 위해 이 능침을 조성하였고, 자신도 폐위되어 외딴 섬에 유배되었다가 사후에 이곳으로 안장되었는데, 그의 아들 주이떤제 역시 이곳에 안장되었다. 3명의 황제가 같이 모셔진 독특한 능침이다.

판딘풍의 흐엉케 기의

이렇게 프랑스의 식민 지배가 점차 옥죄어 오는 상황에서 훼 조정은 권력다툼으로 정세에 제대로 대응하지 못했다. 1883년 7월 뜨득제가 세상을 떠나자 훼 조정은 제위 계승 문제로 혼란에 빠졌다. 장자인 죽득(Dục Đức)이 당연히 계승해야 했지만 실권자였던 응웬반뜨엉(Nguyễn Văn Tường)과 똔텃투엣(Tôn Thất Thuyết)이 반대했다. 이들은 3일만에 죽득제를 폐위하고 티에우찌제의 아들을 제위에 올려 히엡호아(Hiệp Hòa)제로 삼았다. 하지만 이들은 4개월여 만인 1883년 9월 히엡호아제를 폐하고 독살했다. 이어 끼엔푹(Kiến Phúc)제도 6개월여 만에 독살당했다. 1884년 8월 열두살인 함응이(Hàm Nghi, 재위

1884-1885)제가 제위에 올랐다.

뜨득제 사후 1년 여 만에 황제가 네 차례나 바뀌는 혼란이 계속되면서 궁지에 몰리고 있던 훼 조정은 결국 1883년 8월 25일 사이공에서 프랑스와 28개조에 달하는 화평 조약을 체결한다. '아르망 조약' 또는 '제1차 훼 조약'으로 불리는 이 조약으로 베트남은 완전히 프랑스의 보호국으로 전락한다.

1885년 7월 똔텃투엣은 어린 황제인 함응이제를 데리고 몰래 황궁을 빠져나왔다. 그리고 황제의 명령으로 전국에 '근왕령(勤王令)'을 반포했다. 이에 전국 각지의 유생과 지주가 호응하고 농민이 참여하여 반프랑스 무장투쟁을 벌였다. 하지만 무기의 열세와 지도층의 체포 등으로 5년여 동안 벌이던 근왕운동은 사그라들었다. 그 사이 1888년에는 함응이제가 체포되어 알제리로 유배당했다.

이미 훼 조정에는 프랑스에 의해 옹립된 동카인(Đồng Khánh, 재위 1885-1889)제가 즉위해 있었다.

근왕운동 가운데 대표적 무장독립투쟁은 판딘풍(Phan Đình

동카인제 릉: 35년에 이르는 능침의 복잡한 건설 기간과 유럽에 유학한 아들인 카이딘제가 능침 건설을 이어받으면서 아시아와 유럽의 건축양식이 혼재하게 되었다. **흐엉케 지역**: 하띤(Hà Tĩnh)성에 있는 원시림이 우거지고 곳곳에 물줄기가 흘러 생물다양성이 풍부한 이 지역은 베트남 정부가 부꽝(Vũ Quang) 국립공원으로 지정·보호하고 있다. 라오스와 접경지역이라 예로부터 전략적으로도 중요한 산악지대였다.

판딘풍 묘: 여러 기록에 따르면 그의 시신은 프랑스군이 파내어 신원을 확인하고 화장하여 없애버렸다고 한다. 사진은 그를 기리기 위해 조성한 묘.

Phùng)이 이끄는 흐엉케(Hương Khê)기의였다. 판딘풍은 하띤(Hà Tĩnh)성을 중심으로 의병을 일으켜 10여 년 동안 프랑스군과 독립투쟁을 벌였다. 흐엉케 지역은 라오스와의 국경지대이자 험준한 산악지역이다. 절벽과 물길이 곳곳에서 천혜의 성벽과 해자 역할을 했다.

이곳 판딘풍의 근거지를 찾아가기 위해 무턱대고 지도를 따라 오토바이를 타고 산길을 누비다가 수비대 초소에서 검문을 받고 돌아선 적도 있었다. 국경지대에 외국인을 혼자 들여보낼 리가 없었다. 나중에 안 사실이지만 사실상 육로로는 갈 수 없는 곳이었다. 며칠이 걸리는 길이었던 것이다. 몇 년이 지난 후 우여곡절 끝에 겨우 판딘풍의 근거지를 찾아갈 수 있었다. 산세가 험하고 물길은 곳곳에서 막아섰다. 습한 밀림지대에 나무들이 우거진 곳은 하늘이 보이지 않았다. 이런 곳을 근거지로 삼아 의병을 이끌었던 그들의 어려움이 느껴지는 한편, 이곳까지 공격해 와서 포위하고 대치하던 프랑스군의 집요함에 대해서도 다시 생

당후이쯔 사당: 당후이쯔는 당대 경신 사상을 대표하는 인물 가운데 한 명으로 베트남에 최초로 사진(기술)을 전파한 인물이기도 하다.

각하게 되었었다.

1893년 판딘풍과 함께 의병을 이끌던 동지이자 보좌역할을 하던 까오탕(Cao Thắng)이 전사했다. 까오탕은 군사작전을 지휘했을 뿐만 아니라 최신식 프랑스식 소총 수천 정을 자체적으로 제작하여 보급했던 인물이었다. 이어 판딘풍도 죽음을 맞으며 흐엉케 기의는 막을 내렸다. 흐엉케 기의는 전통적인 유학자들이 주도한 의병 무장투쟁의 마지막 장이었다. 이후 반프랑스 운동의 흐름은 경신사상을 제시하거나 유신운동을 펼치는 등 다소 온건한 흐름으로 바뀐다.

20세기 초에 이르면 개혁적 성향의 유학자들이 당대의 문제를 해결하기 위해 여러 방안을 제시한다. 응웬쯔엉또(Nguyễn Trường Tộ), 당후이쯔(Đặng Huy Trứ), 응웬로짝 (Nguyễn Lộ Trạch), 팜푸트 (Phạm Phú Thứ) 등의 유학자들이 대표적이다. 이들은 자강과 계몽의 여러 방안들을 제시했다. 그러나 이들은 모두 유학자로서 훼 조정에

응웬로짝 묘(좌): 관직에 나아가지는 않았지만 탁월한 식견을 가졌던 그는 당대 프랑스의 침략에 맞서 나라가 긴급하게 해야 할 시무책을 상소했으나 훼 조정이 이를 받아들이지 못해 그의 뜻도 펼칠 수 없었다. 그럼에도 그의 『천하대세론(天下大勢論)』은 당대에 큰 반향을 일으켰다. **응웬쭝쯕 공원(중앙)**: 응웬쭝쯕(Nguyễn Trung Trực, 阮忠直)은 남부에서 어업에 종사하던 인물이다. 1858년 프랑스가 침략하자 의병을 모아 응웬찌프엉의 휘하에서 활약했다. 1861년에는 프랑스의 군함을 침몰시키고 요새를 점령하는 등의 전과를 올렸다. 1868년 프랑스군이 그의 어머니를 인질로 삼고 주민들을 학살하겠다고 협박하자 스스로 투항한 후 락자(Rạch Giá)의 시장에서 최후를 맞았다. 사진은 락지아 시대에 조성된 그의 동상과 응웬쭝쯕 공원. **응웬흐우후언 상(우)**: 응웬흐우후언(Nguyễn Hữu Huân, 阮有勳)은 프랑스의 남부 3성 점령에 맞서 1859년 미토(Mỹ Tho) 지역을 중심으로 남부 곳곳에서 연합하여 봉기를 일으켰다. 프랑스 식민 당국에 체포된 후 남미 프랑스령 식민지로 추방되었다가 다시 돌아온 후 재차 봉기를 일으켰다가 체포되어 사형에 처해졌다. 사진은 미토에 있는 그의 기념비.

이러한 사상과 방안이 현실에 실현되기를 바라면서 상소를 올릴 수밖에 없었다. 하지만 훼 조정은 이미 이러한 개혁을 실행할만한 여력이 없었다. 다만 이들의 서적과 사상은 다음 세대에게 영향을 끼치며 이어졌다. 판보이처우는 스스로 응웬로짝의 『천하대세론』을 읽고 나서야 비로소 세계를 보는 눈을 뜰 수 있었다고 고백한다.

이제 베트남에서 반프랑스 독립운동은 마을 사람들의 자발적 봉기를 통해 혹은 프랑스인의 농장과 공장에서 착취당하던 노동자들에 의해 전개되기 시작했다. 1차와 2차 세계대전, 세계대공황 등으로 프랑스로 징집되는 베트남인 젊은이들이 대거 늘었다. 노동자와 군인으로 프랑스와 유럽 등지에서 살아가던 이들은 다시 베트남으로 돌아와 새로운 세계의 흐름을 전했다. 그리고 새로운 길을 찾아 떠나는 수많은 젊은이들 가운데 호치민이 있었다.

6

도
이
머
이
의
길

6

마을에서 중앙으로

1975년 4월 30일, 사이공의 전차 소리는 해방의 신호였다. 그러나 불과 몇 해 뒤, 바축의 학살과 랑선의 불길은 통일의 환희를 비극으로 바꾸었다. 남쪽 국경에서는 크메르루즈의 칼날이 인민을 향했고, 북쪽 국경에서는 중공군의 포격이 도시를 집어삼켰다. 통일은 끝이 아니었다. 전쟁은 끝났지만 평화는 오지 않았다.

국내의 상황은 더 깊은 절망속에 빠져 있었다. 계획경제와 시장경제의 충돌은 생산과 유통을 마비시켰다. 배급소 앞에는 끝없는 줄이 늘어서 있었으나 쿠폰으로 살 수 있는 물자는 턱없이 부족했다. 전기는 자주 끊겼고 쌀은 늘 모자랐다.

완전히 부서진 국토와 집집마다 남겨진 전쟁의 상흔, 하노이와 호치민시 사이의 긴장감, 전쟁의 승리와 강력한 사회주의에 대한 믿음이 만들어 낸 정책은 베트남의 이런 현실과 그대로 맞을 수는 없었다. 당연한 말이지만 베트남에는 베트남의 정책이 필요했다. 그러기 위해서는 내적 원동력을 찾아내야만 했다.

1980년대 초, 베트남은 사실상 고립된 섬과 같았다. 미국과 서방의 제재, 중공과의 적대, 소련의 제한적 지원 속에서 인민은 전쟁 때보다 더 깊은 궁핍한 시절을 견뎌야 했다.

"독립을 얻었으나, 우리는 어떻게 살아남을 것인가?"

이 물음은 통일 이후 베트남 사회 전체의 절규였다.

도이머이는 '시장'과 '사회주의'라는 두 개의 모순적으로 보이는 요소를 결합하려 했다. 시장은 자유를 전제로 하고, 사회주의는 평등을 지향한다. 베트남은 이를 '사회주의 지향 시장경제'라는 독특한 개념으로 정리한다. 생산은 시장의 자율에 맡기되, 분배와 사회적 목표는 국가가 책임진다는 방식이었다.

계획과 시장, 통제와 자율, 평등과 효율 사이의 긴장을 끌어안고 나아가는 길이었다.

호치민은 사회주의를 교조적으로 이해하지 않았다. 그는 늘 '민족의 독립'과 '인민의 행복'을 최우선에 두었고 이 두 가지를 실현하는 최선의 도구로서 사회주의를 이해했다. 그 본질은 사회주의라는 이념의 외피가 아니라 인민의 삶 그 자체였다. 곧 밥과 옷의 문제였다.

남부의 풍부한 공업 제품은 주로 미국의 원조 시스템을 통한 수입에 의존했기 때문에 미국의 금수조치가 내려지자 한순간에 무너졌다. 베트남민주공화국과 베트남사회주의공화국에 대한 연간 3억~4억 달러에 달하던 중공의 원조가 국제 관계의 복잡한 전개로 인해 급감하여 1977년에는 완전히 중단되었다.

거기에는 중공의 개혁개방에 중요한 해외자본으로 경제적 역할을 담당하던 동남아시아의 화교 문제도 얽혀 있었다. 베트남사회주의공화국이 출범하자 베트남에 거주하고 있던 중국 국적의 화교들을 모두 베

트남 국적으로 전환하도록 요구했다. 베트남 내에서 다른 소수민족들
처럼 화인이 되는 것이었다. 만약 중국 국적을 유지한다면 그들은 외국
인으로서 여러 제한을 받을 수밖에 없었다. 화교들은 중공이 자신들을
보호해줄 수 있을 것으로 여겼다. 베트남 남부의 상권을 장악하고 있던
화교들은 이제 막 통일을 완수한 베트남으로서는 혼란스러운 남부의
상황과 겹쳐 위협적인 세력이었다. 중공의 지원을 받는 경우라면 언제
라도 안보에 위협이 될 수 있었다.

남부베트남 경제에 미치는 화인들의 영향력은 막강했다. 그들은 프
랑스 식민 지배 시기에도 프랑스와 경쟁하며 자신들의 영향력을 유지했
다. 1975년 기준으로 1,800개에 이르던 남부 베트남의 도매업소는 거
의 화인의 소유였다. 소매업소의 50%도 화인의 소유였다. 전체 무역회
사의 90%, 남부 베트남 제조업의 80%도 화인이 장악하고 있었다. 결국
베트남의 조치로 중국 국적의 화교들은 베트남에서 추방되었다. 이러한
조치에 대해 중국은 베트남에 대한 원조를 중단하는 등 강하게 반발했
다. 베트남과 중국의 관계는 여러 측면에서 악화일로를 걷고 있었다.

처런(좌): 사이공에 있는 남부 화교들의 큰 시장 처런(Chợ Lớn). 사진은 그 중 하나인 빈떠이
(Bình Tây) 시장. **처런 성모사당(중앙)**: 처런의 광조회관(廣肇會館)은 광동성 출신의 화교들
이 세운 회관이자 천후 성모를 비롯한 관성제군 등의 신을 모신 사당이기도 하다. **롱비엔 시
장(우)**: 1900년대 초 프랑스가 만든 롱비엔 지역의 다리는 홍강의 유일한 다리이자 당시 아
시아에서 가장 길었다. 사진은 오늘날 그 다리 인근에 조성된 야채시장.

1977년 말부터 1978년 초까지만 해도 베트남의 경제적 정체 원인을 자유 시장의 교란과 사기업 경제의 문제로 설명하는 것은 매우 보편적인 경향이었다. 그로 인해 급격하고 철저한 개조가 이루어져야 한다고 보았다. 하지만 1979년 초가 되자, 중앙과 기층 단위 모두에서 이것이 베트남이 사회주의로 나아가고, 경제를 발전시키고, 인민의 삶을 개선하고, 국내 상황을 안정시키기 위해 반드시 선택해야 하는 길이 아닐 수도 있다는 의견이 등장한다. 현실의 여러 상황이 이를 반증하고 있었다.

1979년 초, 서기국은 베트남 남부에 대한 실태 조사를 벌였다. 여러 문제가 드러났고 그대로 보고되었다. 1979년 5월 18일, 정치국은 통지 제10호-TB/TW를 발표하여 5개년 계획의 마지막 2년에 대한 일부 경제 목표와 조치를 긴급하게 조정했다. 이는 간접적으로 이전에 옳다고 여겼던 일부 조치가 효과가 없었음을 인정하는 것이었다. 아울러 비판받았던 의견들을 진지하게 경청하고 고려해야 한다는 인식의 전환이었다.

베트남에서는 '왕의 법도 마을의 규칙을 이길 수 없다'는 말이 있다.

벤타인 시장(좌): 벤타인(Bến Thành) 시장은 100년의 역사를 자랑한다. 호치민시를 대표하는 명소로 여행자들의 발길이 끊이지 않는다. **껀터 시장(중앙)**: 껀터에는 까이랑 수상시장 외에도 육상의 껀터 시장이 있다. 허우강과 부두로 이어지는 이 시장 앞 광장에서는 야시장이 열려 다양한 음식과 과일을 판매한다. **하노이 딘꽁 마을 축제(우)**: 하노이 시내에 있는 마을 사당의 축제 모습. 이 마을은 철을 생산하는 마을로 유명하다.

하노이 인근 실크마을(좌): 하노이 인근에는 여러 수공업 마을이 있다. 도자기 마을을 비롯하여 실크 마을 등은 하노이 황성에 물자를 공급하는 마을로 1000여 년 전에 조성된 것으로 알려져 있다. **하노이 인근 마을의 수상인형극(우)**: 수상인형극은 북부 지역에서 오래전부터 축제 때마다 공연된 것으로 알려져 있다. 전통 판화를 제작하는 마을도 있다.

그래서 유교를 받아들이면서도 여성의 지위는 상대적으로 높았고, 프랑스의 법 제도를 수용하면서도 전통적인 관습법을 병행했다.

베트남은 오늘날에도 마을 문화를 여전히 중시하고 있다. 농업의 비율에서 점차 공업의 비율을 늘리고 있기는 하지만 마을 사람들을 최대한 이동시키지 않는 정책을 시행한다. 마을 사람들은 여전히 농업에 종사하거나 마을에 살면서 인근 공업이나 서비스업으로 직업을 전환하고 다변화하는 중이다.

도이머이의 현장도 마을이다. 북부와 중부와 남부의 마을들. 팜반동 (Phạm Văn Đồng)은 "랑(Làng, 마을)은 개인과 공동체의 실질적인 이익을 보호하는 기능을 가진 사회적·정치적 단위"라면서, "전국 각지의 매우 다양한 구체적인 지역 상황에서 출발하여, 마을들은 가정과 마을 전체의 물질적·정신적 삶을 건설"하기 위해 투쟁했다고 언급한다. 베트남은 북부에서 남부까지 길게 뻗어 있어 기후를 비롯한 자연환경이 다르고 인문환경도 많이 다르다.

전형적인 베트남 북부 마을에서 살아온 응웬응옥하(Nguyễn Ngọc Hà) 교수의 설명을 참고로 베트남 중북부 마을의 일반적인 모습을 그려보자. 마을 사람들의 주거 공간에는 마을의 정문, 서낭당, 사원, 우물, 연못, 대나무숲, 집, 채소밭, 과수원 등이 있다. 마을마다 이른바 정문이 있다. 큰 나무가 심어져 있기도 하고 무언가 눈에 띄는 건축물이 들어서 있기도 하다.

마을마다 적어도 하나 또는 몇 개의 공동 우물이 있다. 마을의 공동 우물은 대체로 마을 한가운데 세워져 있다. 마을의 공동 우물 외에도 일부 가정에서는 마당에 따로 우물을 만들기도 한다.

또 고즈넉한 곳에 마을 사람들의 영적 문화생활의 장이 마련되어 있다. 서낭당도 있고 사찰도 있고 딘(Đình)과 덴(Đền)도 있다. 마을 대소사가 주로 이 영적 문화생활의 공간에서 치러진다.

마을에는 연못도 있다. 마을 환경에 따라 여러 개의 연못이 만들어지기도 한다. 홍수나 가뭄에도 연못을 활용한다. 사람들이 모여들어 채소를 씻거나 빨래를 하거나 물을 길어다가 쓰기도 한다. 어떤 가정에서는 집 앞에 조그마한 연못을 따로 만들어 물고기를 키우기도 한다.

마을에는 대나무가 많은데, 대나무 숲이 마을을 에워싸고 있는 경우가 많다. 대나무는 푸른 그늘을 드리우고 마을을 방어하는 울타리 역할을 하거나 가구와 주택을 만드는 재료로 쓰인다. 대나무숲은 평야지대 마을로 불어오는 강한 바람을 막아준다. 한편 대나무를 이용하여 다양한 살림살이 도구를 만들어 쓰기도 한다.

일반적으로 마을의 경제 활동은 주로 논농사다. 농지는 공유농지와 사유농지로 구성된다. 마을 설립 초기에는 개척된 농지와 마을 내의 자연자원은 모두 공유농지 또한 공공 재산이었다. 공유농지는 민주적으로 각 가정에 분배되었다. 공유농지는 인구 증가나 추가 농지 개척에 따라 다시 나눌 수 있다. 생산 가족에 분배하면서 마을은 공공 목적으로 사용하기 위해 일부 농지를 남겨두기도 한다.

공유농지는 마을 사람들을 결속시키고 공동체의 긴밀한 관계를 형성하는 중요한 역할을 한다. 리(Lý) 왕조 시대 이후부터 마을에서 사유농지가 발생했다고 추론하고 있다. 사유농지는 어떤 집안이 소유한 논을 말한다. 사유농지는 그 집안의 주인이 상속 및 양도할 권리가 있다.

마을 내의 공유농지는 마을 단위의 공유농지, 국가 차원의 공유농지, 사찰의 공유농지로 구분된다. 봉건시대의 왕은 모든 토지의 주인이다. 왕은 마을 공유농지의 일부를 관직을 가진 인물이나 사찰에 나누어 줄 수도 있었고 어떤 사람의 농지를 회수하여 다른 사람에게 양도할 수도 있었다.

대부분의 일은 마을 사람들이 스스로 해결한다. 정부는 마을에 세금 징수, 군역 동원, 형사 사건 처리, 마을이 스스로 화해할 수 없는 민사 분쟁에만 개입한다. 나머지는 마을 주민의 자치로 처리한다.

각 마을에는 향정회의(鄕政會義) 즉 기목회의(耆目會義)가 있으며, 이 단체는 마을 주민이 직접 선출한 사람들로 구성된다. 기목회의의 당연직 위원은 마을 주민 출신의 은퇴한 관직자와 해임 당하지 않은 전(前) 이장(里長)과 부이장(副里長)을 포함한다. 현 이장과 부이장, 장순(長巡, 마을 순찰을 담당하는 관직)은 기목회의의 일을 돕는다. 이장은 마을 주민을 대표하여 상급 관리와 마을의 일을 해결한다. 기목회의 구성원이 직책을 제대로 실행하지 못하거나 어떤 과오를 범할 경우 마을 사람들은 다른 사람을 선출한다. 기목회의가 열리면 마을 사람들은 그 모임에 참석하여 의견을 나눈다. 기목회의는 임기 제한 없이 운영되

타이응웬 논(좌): 타이응웬 마을은 평야지대에서 산으로 올라가는 지역에 위치하여 일반적인 평야지대의 마을과는 달리 가옥들이 조금씩 떨어져 있다. **처우독 마을(우)**: 누이삼 아래로 집들이 모여 있다. 드넓은 벌판에는 종종 물이 차오르므로 가급적이면 산에 인접하여 집을 짓고 마을을 이룰 수밖에 없다.

며 국가 행정기구와는 별개로 독립적으로 활동한다. 만약 정부가 정책을 수행하고자 할 때 일반적으로 기목회의를 통해 마을에서 시행할 수 있다.

각 마을은 소규모의 민주공화국이나 다름없다. 그리고 각 마을은 행동 강령에 대한 명확하고도 구체적인 규정을 가지고 있다. 이러한 규정은 국가에서 부과되는 것이 아니라 마을 사람들이 스스로 만든 것이며 일반적으로 국가의 법에 어긋나지 않는다.

시골의 전통 마을은 대체로 강의 지류 근처에 조성되었다. 논과 밭을 함께 지닌 구조다. 마을 어귀에는 대나무 숲이나 마을 수호신을 모신 신목이 자리 잡고 있었다. 집은 각자 울타리와 대문이 있었으며 마을 전체는 대나무나 담을 둘러쳐서 외부의 침입을 막았다.

전통적인 가옥에서 내부는 세 부분으로 나뉜다. 가운데 가장 넓고 좋은 곳에는 조상의 신위를 모신 제단이 있는데 집안의 어른과 손님들이 차를 마시는 공간이기도 하다. 이 제단 앞에서 집안의 일을 의논하고 제사를 지낸다.

차는 북부와 중부의 산지에서 자생한 것을 아주 오래전부터 마셔 왔고 손님을 맞이할 때는 무엇보다 차를 먼저 내왔다. 차와 더불어 북부 마을에서는 술 또한 제사와 축제에 빠질 수 없는 기호품이었다.

이러한 '마을'은 도이머이와 관련한 대화에서 한국과 베트남 양국의 학자들에게 모두 중요한 키워드로 자리잡았다. 엄격한 신분제 없이 혈연과 공동체 의식으로 묶인 마을, 개인의 이익보다 공동의 이익을 앞세우는 삶의 방식 등이 사회주의적이기 때문이었다.

베트남의 사상을 이해하는 데에도 나는 마을을 늘 주목했다. 주로 북부에 머물렀기 때문에 남부의 마을에 대해서는 책이나 자료 등에서 얻은 이해와 몇 차례 여행을 통해서 느낀 점이 전부이기는 하다. 중앙이나 도시가 외세에 점령당했을 때 민족적 저항의 뿌리는 늘 마을이었다. 도이머이의 현장도 이런 마을이다.

1954년, 북부 베트남은 프랑스의 식민 지배로부터 완전히 해방되었다. 이어서 1955-1957년은 북부 경제 회복기였고, 1958-1960년은 경제 개조기였다. 이러한 상황에서 일부 사람들은 농업 생산의 물꼬를 트기를 원했다. 생산이 크게 정체되고 있었기 때문이다.

1966년 9월 10일, 낌응옥(Kim Ngọc) 빈푹(Vĩnh Phúc)성 당 서기는 상무위원회를 주재하고, 〈현 시기의 농업 협동조합 노동 관리에 관한 몇 가지 문제〉에 대한 제68호 결의(68-NQ/TU)를 채택했다. 빈푹 사람들은 이것을 간단히 '콴호(khoán hộ, 호 단위 할당제)'라 불렀다.

'호 단위 할당제'는 시행 1년 만에 100개가 넘는 협동조합에서 시행하면서 헥타르당 6-7톤의 쌀을 생산했다. 총 생산량은 22만 톤에 달했는데, 이는 이전에는 찾아볼 볼 수 없는 많은 양이었다.

그러나 당시 배급경제와 낮은 사고방식 때문에 중앙에서는 낌응옥의 이러한 활동을 강하게 비판하면서 모든 시행을 중지시켰다. 이를 실행한 지방은 모두 검열을 당했다. 빈푹 농민들은 크게 낙담했으나 그대로 그만둘 사람들이 아니었다. 몰래 '콴추이(khoán chui, 비밀 할당제)'를 계속했다. 이 용어는 중앙의 지시를 풍자하는 뜻이 담겨 있었다. 그리고 낌응옥은 중앙으로부터 비판을 당했지만 그 후에도 당 비서직을 계속 수행하고 있었다.

이후 중앙도 점차 이 문제의 중요성을 인식하여 농업 생산에서 실험적으로 '생산물 할당제'를 허용하기 시작했다. 결국 베트남의 개혁은 농업 생산에서부터 시작되었으며, 이는 농업국에서 사회주의로 나아가는 베트남의 특수성과도 부합하였다.

이후 100호지시와 10호지시를 거치면서 그의 사후에 비로소 '호단위생산할당제'가 중앙에서 제도화되었다. 그리고 그에게는 독립훈장과 호치민훈장이 추서되었다.

이러한 일처리에서도 베트남의 한 특징을 엿볼 수 있다. 중앙의 강한비판을 받았지만 그는 파면을 당하지 않고 계속 업무를 수행해 나갈 수 있었다. 이 일이 사적 이익을 추구한 것이 아니기 때문이다. 따라서 현실에서는 보다 유연하게 다양한 실험적인 일들을 추진할 수 있었다. 중앙의 지시에 따라 움직이는 권위적 행정이라면 이러한 양상은 벌어질 수 없다. 중앙과 지방이 서로 밀고 당기면서 일을 처리한다. 그래서 중앙도 지방도 모두 신중하고 조심스럽게 일을 처리한다. 마을의 힘이 이렇게 작동한다.

하이퐁은 베트남 북부 최대 항구도시다. 1977년에서 1978년경 규칙을 깨고 '비밀 도급제'를 시행한 사람들이 있었다. 이들은 중앙의 정책을 위반하고 있었기 때문에 불 위에 앉아 있는 것 같았다. 더구나 빈푹 (Vĩnh Phúc)성 당위원회 서기였던 낌응옥(Kim Ngọc)이 받았던 비판을 생각하면서 더욱 고심할 수밖에 없었다. 논은 많았지만 쌀이 없어 고구마를 먹어야 했고, 굶주림으로 수십 명의 마을 사람들이 구걸하러 다녀야 했다. 도안싸(Đoàn Xá) 마을 당 위원회 서기인 팜홍트엉(Phạm Hồng Thường)은 상무위원회를 열어 비밀도급제를 시행하기로 결의하고 징계를 받을 경우 모두 같이 받기로 했다. 그 결과 1978년 말 수확기에 풍작을 거두었다. 점차 도급제 비율을 높여 50%까지 올라갔다. 이런 풍작은 오히려 의심을 불러 일으켰다. 중앙의 간부들이 도안싸 협동조합이 어떻게 마을 사람들에게 도급을 주고 있는지를 감시했다. 1980년 4월, 도안싸 마을이 도선현(Đồ Sơn)현으로 합병되었다. 도선현 당위원회 서기인 응웬딘니엔(Nguyễn Đình Nhiên)은 팜홍트엉을 만나 밤늦도록 허심딘회한 대화를 나누었다. 비밀도급제 덕분에 인민들이 밥을 배불리 먹게 되었다는 말을 듣고 다음날 현장을 둘러보았다. 협동조합의 논과 도급제의 논은 한눈에 봐도 큰 차이가 났다. 응웬딘니엔은 그 길로 현 상무위원회를 열고 도안싸 마을처럼 도선현 전체에 도급제를 시범 실시할 것을 요청했다.

한 달 후인 1980년 5월, 도선 현 당위원회는 '추수와 모내기'에 대한 결의 05-NQ/HU를 발표했는데 그 주요 내용은 현 전체 농경지 면적의 50%에 생산물 위탁을 시행하도록 허용하는 것이었다.

1980년 5월, 이미 도선 현의 모든 마을이 도안싸 마을처럼 은밀하게 위탁을 시행하게 되었다. 결국 1980년 6월 27일, 하이퐁 시 당 상무위원회는 결의 24-NQ/TW를 발표하여 하이퐁 농경지 면적의 100%에 위탁을 적용하도록 했다. 하이퐁의 선택은 '과감하게 먼저 행동하고, 나중에 설득하는 것'이었다.

하이퐁시 인민위원회 주석은 총서기를 찾아가 하이퐁의 상황을 보고했다. 총서기는 농업이 침체되고 있는 데다 농민들은 쌀을 생산하면서도 굶주리며, 벼가 익어도 아무도 수확하고 싶어 하지 않으며, 협동조합 체제가 불합리하다는 주석의 보고를 3시간 동안 인내심 있게 들었다. 1980년 10월 2일, 총서기가 하이퐁을 방문했다. 이는 중앙으로부터의 첫 번째 승인이자 가장 중요한 청신호였다.

총서기가 돌아간 후, 시 인민위원회 주석은 즉시 하노이로 달려가 총리 팜반동을 만나 상황을 보고하고 하이퐁을 방문해달라고 요청했다. 팜반동 총리는 하이퐁 지도부에게 "쯔엉친 동지를 설득하도록 노력하여 조속히 합의에 도달해야 한다"고 당부했다. 이전에 쯔엉친은 1968년 빈푹의 위탁생산에 대해 가혹하게 비판한 적이 있었기 때문에 매우 조심스러웠다.

1981년 초, 쯔엉친은 하이퐁 지도부를 만났다. 그들은 쯔엉친에게 위탁 전의 절망적인 상황을 상세히 보고했다. 그는 하이퐁의 보고를 1시간 반 동안 들었다. 보고를 들은 후 계속 노력하여 이것을 전국적인 현실로 만들어 보자고 지지를 표명했다. 그리고 1981년 2월 5일, 그는 하이퐁에서 설날을 축하하면서 하이퐁의 정책에 대한 지지를 공식적으로 표명했다.

1981년 1월 13일, 서기국은 지시 100호(Chi thị 100-CT)를 발표하여 베트남 농업 전체에 위탁 제도를 적용하도록 허용했다. 이 문서는 10페이지에 불과했지만, 수천만 농민의 운명과 베트남 전체의 식량 문제와 관련이 있는 매우 큰 역사적인 의미를 지닌 것이었다.

껀터 송허우: 남부에서는 강길을 따라 이동하는 사람과 물길에 조성된 마을을 보는 것은 흔한 일이다. 집 앞에 작은 배들이 묶여 있는 경우가 많다.

껀터(Cần Thơ)는 메콩강이 큰 두 갈래로 나뉘어 흐르는 남쪽편의 허우(Hậu)강변에 있다. 쌍발기가 뜨고 내리는 공항은 바로 강변에 있었고 생각보다 매우 작았다. 강을 따라 오랜 세월에 걸쳐 생긴 도시다. 도시 곳곳으로 수로를 만들어 허우강의 범람에도 평야의 도시를 유지할 수 있도록 설계했다.

베트남인민군 9군단은 남부 대부분 지역을 관할한다. 껀터에는 9군단의 역사를 전시하는 박물관이 있다. 이곳에서 나는 반프랑스 독립투쟁이 남부에서 얼마나 치열하게 벌어졌는가를 확인할 수 있었다. 남부의 수많은 사람들은 구국군을 조직하여 무장투쟁을 전개했다. 1941년 호치민이 까오방으로 들어오기 전부터 그랬다. 물론 정치적으로나 이론적으로 짜임새 있는 군대로 발전한 것은 호치민의 군대와 결합하면 서부터다. 하지만 엄연히 남부만의 혁명 전통을 간직하고 있다는 점은 주목하고 싶다.

이곳은 물길이 주된 이동로다. 땅은 자꾸 물길에 막히고, 물길에 사라진다. 물길 따라 사는 사람들은 자유롭다. 메콩강은 베트남땅에 이르면 점차 넓어지면서 나무줄기 모양처럼 흐른다. 천 갈래 만 갈래로 난 강줄기를 따라 사람들은 자유롭게 떠다닌다.

유독 로또와 같은 복권을 파는 가게와 사람들이 많다. 예전보다 더 늘어난 것 같다. 까이랑 (Cái Răng) 수상시장도 그 활기가 예전과 달랐다. 한산하게 여행객들만 붐빈다. 베트남 독립 80주년 기념을 알리는 일 역시 관공서와 기관들 앞에 붉은 깃발을 장식하는 수준이어서 소란스럽지 않고 소박해 보였다. 베트남인으로서 자긍심에 술렁이던 북부나 수도 하노이와는 전혀 다른 분위기였다.

물길을 따라 난 가장자리로 땅길이 이어진다. 곧은 물길은 사람들이 파낸 것이다. 그 흙이 제방이 되고 땅길이 되어 차와 사람이 왕래한다. 물은 물로 다스린다. 물길은 물이 많으면 차올랐다가 줄어들면 그대로 흐른다. 남부 베트남에서는 과일나무 또한 물길에 고랑을 내어 그 이랑에 심는다.

1979년 4월 10일, 껀터에는 송허우(Sông Hậu) 농장이 설립되었다. 당시 이곳은 황무지와 같은 늪지대였으며, 농업 생산이 거의 불가능한 곳이었다. 물이 넘쳐 농지가 잠기고, 사람들의 생활 여건도 열악했다. 일일이 손으로 늪을 메우고 물길을 돌리며 논을 만들었다.

농장장인 쩐응옥호앙(Trần Ngọc Hoằng)은 농민 각 가구에 땅을 위임하여 스스로 개간하고 생산하게 만드는 방식을 채택했다. 인근 다른 지역에서는 모두 협동조합으로 농장을 운영하고 있을 때였다.

1979년 말, 첫 수확에서 농민들은 합의된 비율에 따라 농장에 605톤에 가까운 쌀을 납품했다. 그는 수확 철에 많은 양의 벼가 낙곡(落穀)하여 버려지는 것을 보았기 때문에, 오리를 키울 계획을 세우고 각 가구에 위임했다. 또한 수로변, 길가, 집 뒤의 빈 땅에 바나나, 유칼립투스, 망고 같은 나무를 심어 추가 수입을 올리도록 권장했다. 이와 더불어 학교를 설립하여 인재양성에 심혈을 기울였다. 대부분 가난한 농민들이 살아가는 곳에서 자녀가 학교를 다닌다는 것은 어려운 일이었다. 여러 혜택을 제공하면서 입학생 전원이 졸업을 하도록 만들었다. 그는 두 차례에 걸쳐 노동영웅훈장을 받았다.

사회주의의 기본 원칙 중 하나는 농업 집단화에 관한 것이다. 1920-30년대 소련에서 만들어졌고, 1957년과 1960년 국제 공산당 및 노동당 회의에서 사회주의 원칙으로 재확인된 것이었다. 따라서 이는 사회주의 국가에서는 불문율과도 같은 것이었다.

베트남 인민의 식량부족, 굶주림, 빈곤, 그리고 그로부터 비롯된 구체적 현실에 대한 예리한 대처방안만이 이런 견고한 장벽을 뚫을 수 있었다. '인민이 가장 소중하고, 사직은 그 다음이다'라는 원칙에서 비롯된 '은밀한 위탁' 운동이 전국적으로 퍼져나갔다. 이것이 베트남의 특수한 상황에서 전개된 도이머이의 시작이었다. 그리고 아래로부터의 이러한 현실적 울림이 중앙의 고정된 원칙에 따른 정책 수행자들의 마음을 열게 하였고 아래와 위가 함께 이론의 원칙을 넘어 새로운 길로 들어서게 했다. 이러한 과정은 베트남 도이머이의 고유한 특징으로 꼽을 수 있다.

여성들이 길을 내다

도이머이 과정에서 마을과 함께 여성이 중요한 역할을 수행했다. 그 대표적인 인물이 응웬티라오(Nguyễn Thị Ráo)다. 짜빈(Trà Vinh) 성 출신으로 호치민시 식량공사를 이끈 여성이다. 쌀을 유통하고 쌀을 이용한 가공식품을 생산하여 많은 사람을 굶주림에서 벗어나게 했다.

그녀는 가난한 소작농 가정의 막내딸로 태어나 젊은 시절부터 혁명 활동에 참여했다. 그녀의 첫 임무는 쌀장수로 위장하여 남부의 혁명 기지들을 연결하는 연락책이었다. 그녀는 공식적인 규율을 위반하는 것을 주저하지 않고, 인민의 마음속 규율을 따르는 일관된 성격을 가지고 있었다. 그녀의 남편 바티(Ba Thi)가 1959년 전투에서 전사하자 그녀는 이후 그의 이름을 따서 바바티(Bà Ba Thi)라 하였다.

해방 후 사이공에는 약 400만 명이 살고 있었다. 해방 전, 도시의 식량은 전적으로 자유 시장에서 공급되었다. 그러나 새로운 체제는 감당

베트남부녀상(좌): 한 손으로는 모든 역경을 딛고, 다른 한 손으로는 미래를 열어 간다는 의미를 담은 베트남 부녀박물관의 부녀상. **빈롱 물길(우)**: 빈롱(Vĩnh Long)은 띠엔(Tiền)강이 흐르다 막 두 갈래로 나뉘는 곳으로 남부 물길 교통의 요지다. 이곳에도 물길을 따라 수상시장이 형성되어 있다.

할 수 없는 부담을 스스로에게 부과했다. 1975년 9월, 제24차 중앙위원회 회의 결의는 남부 베트남의 사유 자본가를 개조하고 도매 부문을 독점할 것을 명시했다. 이는 국가가 400만 시민에게 매일 쌀을 공급할 책임이 있음을 의미했다. 그러나 국가가 전국적으로 동원할 수 있는 식량은 연간 100만 톤이 조금 넘는 수준이었다.

1977-1978년, 메콩강 삼각주 지역의 홍수로 식량 생산량이 감소했고, '강탈하듯이 구매'하는 체제는 농민들의 동의를 얻지 못하는 형편이었다.

도시의 책임자들은 딜레마에 빠지고 만다. 중앙의 지시를 따라 자유 시장을 없애고 도매 부문을 독점해야 했지만 농민들로부터 식량을 동원할 수 없어 난감한 지경이었다. 시의 당서기인 보반끼엣은 "도시의 어느 누구도 굶주려 죽게 할 수 없다"고 선언했지만 쌀이 공급되지 않는 상황에서 어떻게 해야 할지 막막했다. 메콩강 삼각주 지역의 쌀 시장을 잘 알고 있던 바바티는 문제의 핵심이 쌀 부족에 있는 것이 아니라 그것을 수매할 수 없다는 사실에 주목한다. 그녀는 시 당서기에게 메콩강 삼각주 지역으로 가서 시장에서 쌀을 구매해 도시민에게 공급하자고 제안한다.

요컨대 정책에 문제가 있으니 이 장벽을 찢는 것 말고는 다른 방법이 없다고 판단한 것이다. 바바티는 재무부와 은행으로부터 자본과 현금을 지원받아 지방에서 쌀을 구매하고 도시로 운송하여 판매한 후 그 돈을 다시 회전시키는 방안을 제안했다. 이들은 쌀 매입 조직으로 불렸으며 농담 삼아 쌀 밀수 조직이라 부르기도 했다.

보반끼엣(Võ Văn Kiệt)은 이 계획에 동의한다. 그는 농담 반 진담 반으로 "이 일 때문에 여러분이 감옥에 가게 된다면, 내가 밥을 가져다

줄 것"이라고까지 했다. 이처럼 과감한 판단에 직접 행동하고 책임을 지려는 지도자가 있었기에 돌파구가 마련된 것이다. 바바티는 쌀을 운송하기 위해 군대의 트럭과 병사들을 이용하기도 했다. 그 덕분에 어떠한 검문소도 그녀의 차를 막지 못했다. 호치민시 인민위원회는 쌀 매입 조직을 기반으로 호치민시 식량 경영 공사를 설립하기로 결정한다. 쌀 매입 조직이 게릴라 방식으로 활동하던 것과 달리 이 회사는 이제 명실상부 공식 활동을 허가받은 국영 경제 단위가 되었다. 바바티는 게릴라 조직의 우두머리에서 이제 정규 사단의 사령관이 된 셈이었다. 이 회사는 시장 경제 방식으로 운영이 허가된 최초의 회사였다.

식량유통공사는 약 50대의 대형 트럭과 수백 척의 배를 운용하여 메콩강 삼각주 전역에서 도시로 쌀을 운송했다. 모든 상점과 운송은 대리점에 위임했다. 대리점 직원은 주로 여성연합회가 추천하고 자격을 보증하는 방식을 도입했다. 여성들이 중심이 되어 네트워크를 구축한 것이다.

1983년 중반까지 식량유통공사는 도시 전역에 수천 개의 대리점을 구축했다. 식량시장의 주도권을 완전히 장악한 것이다. 이제 쌀의 유통으로 시장을 교란하는 행위는 거의 사라졌다. 시민들은 대기 줄을 서는 불편함이 크게 줄어들었다.

1985년 10월 3일, 국가주석은 바바티에게 노동 영웅 칭호를 수여했다. 이는 개인에 대한 평가뿐만 아니라 새로운 체제에 대한 존숭을 여실히 드러내는 것이었다.

또 한 명의 잘 알려진 여성 영웅이 있다. 응웬티딘(Nguyễn Thị Định)이다. 그녀는 1920년 3월 15일, 벤쩨(Bến Tre)성 지옹쫌(Giồng Trôm) 현 르엉호아(Lương Hòa) 마을의 가난한 농가에서 태어났다.

호치민 루트: 베트남민주공화국과 베트남남부해방민족전선의 사이를 잇는 생명선은 호치민 루트였다. 호치민 루트는 베트남 국경을 넘어 라오스와 캄보디아 밀림을 지나 남부로 이어졌다. 미국은 이를 폭격으로 끊으려 했으나 루트는 마치 살아 있는 혈관처럼 다시 이어졌다.

그러나 애국심이 깊었던 집안 분위기에 나라가 식민 지배와 전쟁으로 위기에 처한 현실 속에서 일찍이 혁명 사상에 눈을 뜨게 되었다. 1938년 10월, 18세의 나이에 인도차이나 공산당에 입당한다.

남편은 벤쩨성 당위원으로 활동하다 체포되어 꼰다오(Con Đảo) 감옥에 유배되었다. 1939년 출산 3일 만에 남편이 체포되었고, 이어 1940년에는 그녀와 7개월 된 아들까지 경찰에 붙잡혀 감옥에 갇혔다. 이 무렵 남편이 옥중에서 사망했다는 비보를 접한다. "혁명에 나선 자는 반드시 고난과 희생을 감내해야 한다."는 남편의 유언을 가슴에 새기며 그녀는 1943년 석방될 때까지 꿋꿋하게 견뎠다.

1944년 다시 당과 연락을 취한 그녀는 1945년 8월혁명 시기, 25세의 젊은 나이에 수천 명의 군중을 이끌고 벤쩨 성청을 점거하여 정권을 탈취한다. 1946년에는 남부의 대표단과 더불어 배를 타고 북부로 건너

호치민 루트 청년봉사단 꽝빈 기념비: 호치민 루트는 미군의 폭격으로 사라졌다가 복구되는 과정을 지속적으로 겪어야 했다. 끊어진 호치민 루트를 잇는 여러 지역 청년의 목숨을 건 사투가 이어졌다. 그들의 희생과 노고를 기리는 꽝빈(Quảng Bình) 지역 호치민 루드에 세워진 기념비.

가 호치민 주석과 당 중앙에 남부 전황을 보고한 다음 무기 지원을 요청한다. 그녀는 지원받은 12톤의 무기를 무사히 남부까지 운반하는 데 성공했다. 그녀의 항로 운반은 훗날 해상 호치민 루트(Đường Hồ Chí Minh trên biển)로 발전하는 역사적인 첫 항해로 기록된다.

1960년 1월 17일, 그녀가 주도한 동커이(Đồng khởi, 함께 일어나자!) 봉기가 일어나면서 전설적인 '도이꿴똑자이(Đội quân tóc dài, 긴 머리 부대)가 등장한다. 여성 농민들이 중심이 된 이 부대는 정치·무장·심리전을 결합한 '바무이지압꽁(ba mũi giáp công, 삼중 전술)'로 남부 전역에 봉기를 확산시켰다. 동커이 운동은 그 이전의 흐름을 전환시킨 변곡점이었다.

1959년 초에 공포한 '법률 10/59'로 남부 베트남 전역에서 지독한 탄압과 투옥, 학살이 일어났다. 도저히 참을 수 없는 인민들은 스스로 저항하기 시작했다. 중부지방과 남중부지방에서 인민들이 봉기하여 혁명정부가 수립되고 무장부대가 결성되기 시작했다. 결국 1959년 1월, 베트남 노동당 중앙위원회 제15차 회의에서 새로운 결의안이 의결되었다. 그 전까지는 남부 베트남에 대해 '평화적 통일'을 원칙으로 방어적인 입장이었다. 하지만 인민들이 스스로 무장봉기에 나서는 상황에서 적극적으로 무장투쟁을 전개할 것을 결의한 것이다. 남부 베트남 곳곳에 이 결의안이 전달되었다. 벤쩨성에서는 모까이(Mỏ Cày)현의 딘투이(Định Thủy), 프억히엡(Phước Hiệp), 빈카인(Bình Khánh) 마을이 우선 참여했다. 1960년 1월 17일 새벽, 딘투이 마을의 '행동조'가 민병대 초소를 습격하여 무기와 탄약을 노획하면서 동커이 운동의 막이 올랐다.

응오딘지엠 정권은 곧바로 '끼엔호아(Kiến Hòa) 평정작전'을 개시

오따속 근거지(좌): 안지앙성 오따속(Ô Tà Sóc) 근거지는 1962년부터 1975년까지 안지앙성 당위원회를 비롯한 여러 조직의 거점이었다. 험준한 산과 바위 동굴, 작은 물길들이 둘러싸고 있다. 이 근거지는 국가급 역사 유적지로 희생된 영웅들을 기리고 있다. **꽝찌 통신연락병 기념비(우)**: 17도선을 따라 바다에서 산맥까지 그리고 라오스 국경지대 산맥에도 맥나마라 전자 울타리(Macnamara electric fence)가 설치되었다. 꽝찌(Quảng Trị) 통신연락병 기념비는 이 울타리가 있던 지역에 세워졌다. 여성 우편 연락병과 남북으로 간부를 이동시켰던 우편 연락병, 그리고 통신선을 유지하려다 희생된 175명을 기리고, 부상과 고엽제 피해, 고문 후유증을 겪은 수백 명의 통신연락병의 희생을 기리고 있다.

하여 1만여 명의 정규군을 투입하고 모까이 일대 세 마을을 포위하고 무자비하게 진압했다.

이런 상황에서 긴머리 부대가 등장한 것이다. 긴 머리 부대라는 명칭은 머리카락을 길게 땋은 농촌 여성들이 행진하며 노래하고 구호를 외치는 데서 유래했다. 이 부대를 조직하고 이끈 인물은 응웬티딘이었다. 이들 여성들은 '피난을 가장한 행진'으로 모까이 현청으로 몰려들었다. 5천여 명의 여성과 아이들이 부상자와 더불어 시신을 들고 거리를 행진하며 현청을 포위했다. 12일간 그들의 만행을 고발하고 부상자 치료와 군 철수를 요구한 끝에 결국 베트남공화국 정규군을 철수시켰다.

1960년 9월에 벤쩨성에서는 2차 봉기가 일어났다. 벤쩨성의 60개 초소를 파괴하고 40여 마을을 완전히 해방시켰다. 1960년 말까지 115개 마을 가운데 51개 마을이 완전히 해방되었다. 500개 촌락 중 300개를 인민이 장악하였다. 이런 벤쩨의 승리가 베트남 남부 전역으로 들불처럼 번졌다. 동커이 운동이 남부 베트남 전역에서 일어난 것이다. 남부 베트남의 1363개 마을과 560만에 이르는 인민이 해방되었다. 이러한 마을들은 자치와 더불어 마을 간 네트워크를 조직했다.

이 운동은 단순한 봉기가 아니었다. 남부 베트남의 인민이 스스로 무장하여 베트남공화국과 미국의 폭정에 맞서 일어난 혁명이었다. 그리고 스스로 자신의 운명을 개척할 수 있다는 것을 입증한 사건이었다. 동커이 운동의 가장 큰 교훈은 '인민의 힘'에 대한 확신이었다. 이를 계기로 1960년 12월 20일 베트남남부해방민족전선이 창립될 수 있었다.

응웬티딘은 1965년 남부 전역 여성대회에서 남부 해방 여성연맹 회장으로 선출되었다. 같은 해 그녀는 남부 해방군 부사령관이 되어 게릴라전을 지휘했다. 1974년 4월 17일 그녀는 공식적으로 소장(Thiếu

응웬티딘 묘: 남부의 여러 마을의 여성들이 길을 내어 마을과 마을을 연결시켰다. 물길을 따라 물자를 교류하는 단순한 길이 아니었다. 깊은 신뢰를 동반한 믿음의 길이었다. 여성들은 외세에 맞서 싸우듯 마을을 다니며 혁명의 길을 만들었다. 사진은 호치민시 시립묘지에 안장되어 있는 응웬티딘의 묘.

tướng)이 되었다. 1975년 봄, 5개 해방군 부대가 사이공 해방을 향해 진격할 때 그녀는 부총사령관의 자격으로 최종 승리를 함께 했다.

내가 참여한 프로젝트에서 도이머이를 공동 연구한 응웬응옥하 교수는 도이머이 정책이 국가의 미래를 재설계한 심오한 사유의 혁신이라고 주장한다. 도이머이를 이끈 사상적 토대에 대해서 그는 첫째 교조주의를 극복하고 이론과 실천을 재결합하려는 이론적 혁신의 과정, 둘째 철학의 역할을 재정립하여 구체적 현실 문제 해결의 나침반으로 삼으려는 방법론적 전환, 셋째 계급 중심의 사고에서 벗어나 인간의 창조성과 자유를 사회 발전의 핵심 동력으로 재조명하는 인간 문제를 들었다.

모든 이론과 정책은 베트남의 구체적인 역사적 조건에서 출발해야 한다는 점을 강조한 것이다. 이는 보편적인 원리를 부정하는 것이 아니라, 그 원리가 베트남의 특수한 현실 속에서 어떻게 발현되는지를 창조적으로 탐구하고 적용해야 함을 의미한다.

도이머이의 사상적 토대에서 가장 중요한 변화는 인간을 사회주의의 중심에 복원시킨 것이다. 계급으로 인간을 이해하면서 인간의 보편적인 가치와 인간 개인의 창조성이 억압된 측면을 반성하고 다시 고민하여 바꾼 것이다.

1975년 국토의 통일 후에는 자연스럽게 화폐의 통일을 도모해야 했다. 1975년에서 1985년까지 세 차례에 걸쳐 화폐 통합과 교환이 이루어졌다.

1975년 9월 2일 남부에서 베트남공화국 정권의 화폐를 '해방 화폐'로 교환했다. 비율은 500:1이었다. 새로운 동전(10, 20, 50 xu, 1·2·5·10·50 đồng)도 발행되었다.

이후 1978년 5월 3일 전국적으로 통일 화폐 정책을 시행했다. 제4기 정치국 결의(1978년 4월 1일, 제8호)에 따라, 북부 지역의 화폐는 1:1의 비율로 교환하였고, 남부 지역의 화폐는 0.8:1의 비율로 신권으로 교환했다. 당연히 전국적인 화폐 통일이 목적이었다.

1985년 9월 4일 전국적인 통일 화폐를 다시 교환했다. 10:1 비율이었다. 신권은 10, 20, 50 đồng 단위로 발행했다.

첫 번째와 두 번째 화폐 교환에는 큰 문제가 없었다. 하지만 3차 교환 때는 여러 문제가 발생했다. 교환 비율(10:1)이 너무 불리했던 탓이다. 이로 인해 저축한 화폐의 가치가 순식간에 폭락하여 사회적 불만이 확산되었고 700%에 이르는 극심한 인플레이션이 발생했다. 화폐유통이 불안전해지면서 암시장과 물물교환 방식의 거래가 확대되었다. 국가 통화에 대한 신뢰가 한 순간에 무너졌다.

1986년 도이머이 정책이 시행되면서 통화질서 안정화와 개혁정책의 정착을 위해 1989년 화폐개혁이 다시 이루어졌다. 이때는 시장원리를 받아들이는 등 도이머이 정책과 병행하면서 비교적 안정적으로 이루어졌다. 점차 국가의 통화에 대한 신뢰가 회복되었고 인플레이션도 크게 낮아졌다.

2003년 말부터 소액 규모의 지폐 대신 동전이 보급된 적이 있었다. 2005년이 지난 시점에 하노이에 머무는 동안 동전을 보게 되었다. 그런데 이상하게도 시장 상인들이나 사람들이 동전을 달가워하지 않았다. 동전을 거부하는 경우까지 있었다. 나중에 알고 보니 물가에 비해 동전의 가치가 낮고 그에 따라 인민들의 동전에 대한 호감도와 인식이 저조하여 사용을 꺼린 탓이 컸다. 지폐에 비해 거추장스럽고 잘 잃어버린다는 점도 작용했다. 결국 동전은 시장에서 슬그머니 사라졌다.

중공과의 국경분쟁이 여전히 이어지고 있던 1979년 9월 제4기 중앙위원회 제6차 회의에서 〈정세와 긴급한 임무들〉이 결의되었다. 이 회의에서는 경제 관리에서의 약점을 점진적으로 극복하고, 일부 정책들을 변경하며, 관료적 중앙집권적 배급 체제를 폐지해야 한다는 문제를 제기한 것이었다. 특히 생산에 있어서는 생산을 저해하는 정책들을 청산하여 생산이 폭발적으로 터져 나오도록 해야 하는 내용이 담겼다. 유통에 있어서는 강물 가로막기와 시장금지와 같은 국가주도의 유통정책을 폐기해야 한다는 내용이 담겼다. 이는 생산과 유통에 관한 그간의 국가 주도적 계획화를 대폭 수정한다는 의미와 함께 그간의 잘못된 정책에 대한 통렬한 반성이었다. 계획이든 시장주도든 최종적으로는 모두 인민의 삶을 윤택하게 하려는 조처였다. 그러므로 인민의 생활이 얼마나 향상되는가가 판단의 기준이 되어야 했다. 이런 점에서 보자면 국가의 계획적인 경제 정책은 인민을 괴롭히고 있었다.

1980년 2월 6일 비서국 제86호 지시(86-CT/TW)를 발표하여 부패와 뇌물, 인민을 억압하는 행위에 대한 처리 방침을 제시했다. 당시 사회적으로 도둑질과 뇌물, 권력의 남용이 일상적으로 일어나고 있었다. 간부와 당원, 공무원, 군인들의 부패를 철저히 징계할 것을 결의했다. 그렇다고 이런 문제가 당장 해결될 수는 없었다. 그간에 이루어졌던 관행으로 인해 새로운 시도들은 많은 제약을 받았다.

1982년 제5차 당대회가 끝난 뒤에도 여전히 극심한 어려움에 빠져 있었다. 1978년과 1979년 국경 전쟁의 여파와 군사적 긴장이 지속되고 있었으며, 이는 국가 재정에 엄청난 부담으로 작용하고 있었다.

제4차 당대회(1976)에서 제시한 여러 목표는 달성할 수 없었다. 실천과 동떨어져 있는 관료주의, 경제와 사회 관리의 무능함, 보수적 관행 등이 여전히 심각한 상태였기 때문이다.

제6차 당대회(1986년 12월 15-18일, 하노이)는 역사적 전환점이 되었다. 총비서 레주언(Lê Duẩn)의 유산은 일부 개혁적 요소를 남겼다. 그에 이어 총비서에 오른 쯔엉친(Trường Chinh)은 개혁 노선을 지지하며 대회 보고를 준비했다. 대회 이후 쯔엉친과 팜반동은 정치국에서 물러나면서 좀 더 젊고 추진력이 강한 응웬반린(Nguyễn Văn Linh)이 총비서가 되었다.

앞에 선 사람들

도이머이 이전 시기 베트남을 이끈 가장 중요한 인물은 레주언(Lê Duẩn)이었다. 그는 호치민 사후에 베트남의 정치와 경제 노선을 이끌었다. 그래서 도이머이 이전 시기의 문제들에 대한 책임을 그에게 돌리기도 한다. 하지만 당시 상황을 보면 그렇지만은 않다. 베트남의 통일을 원치 않은 중국과, 점차 지원은 끊고 있던 소련, 미국에 의해 막힌 바닷길, 남부와 북부에서 이어진 전쟁은 국가적 위기상황이었다. 레주언은 이러한 난국에서 강한 리더십을 발휘했다. 당연히 도이머이와 같은 의견은 받아들일 수 없는 상황이었다. 그보다 더 중요한 것은 그가 수많은 반대에도 쯔엉찐을 자신의 후임으로 선택했다는 점이다. 쯔엉찐은 강한 추진력으로 도이머이의 문건을 작성했다. 이렇게 보면 레주언 또한 도이머이에 대한 필요성과 사유를 하고 있었지만 공식화시킬 수 없는

레주언 광장: 그의 고향인 베트남 중부 꽝찌(Quảng Trị)성에 세워진 동상. 남부에서 주로 활동하였고 1960년 베트남 노동당 제1비서를 거쳐 호치민 사후 베트남 최고지도자로 전쟁을 이끌었다. 1976년 베트남 공산당 초대 총비서로 전후 통일국가를 위해 여러 정책을 강력하게 추진한 인물이다.

상황때문에 미루었던 것으로 이해할 수 있다.

레주언은 혁명에서 창조의 중요성을 내세우며 이렇게 말한다. "마르크스주의는 보편적 진리지만, 그것을 기계적으로 되풀이하는 것이 아니라, 각 나라의 구체적 현실에 맞게 창조적으로 적용할 때만 살아 있는 힘을 가진다.", "혁명은 단순히 다른 나라의 길을 흉내 내는 것이 아니다. 그것은 인민이 자기 힘으로, 자기 조건 속에서 개척해 나가는 창조의 과정이다.", "혁명은 인민의 사업이다. 인민 자신이 국가기구와 경제·문화적 구조를 직접 관리하고, 그것을 새롭게 변혁하는 과정 속에서만 사회주의가 건설될 수 있다.", "우리가 마르크스주의의 혁명적 기치를 창조적으로 높이 들 때, 그때 비로소 혁명은 전면적인 승리를 향해 나아간다."

여기서 강조하고 있는 '창조'는 베트남 사상사를 관통하고 도이머이를 관통하는 중요한 개념이다. 베트남은 역사적으로도 그랬지만 위기의 상황에서 고도의 유연성을 발휘하는 남다른 데가 있다. 이것은 강력한 외세의 침략에 맞서 싸우는 데 늘 중시되었던 점이다. 거기에는 생존의 문제가 걸려 있다. 조금만 생각해보면 알겠지만 유연할 수 있다는 것은 무엇인가? 늘 살아 있어서 그때마다의 상황에 따라 움직이는 것이다. 그런데, 고도의 유연성을 발휘하기 위해서는 그 가운데 결코 포기할 수 없는 핵심이 들어 있어야 한다. 핵심이 없는 유연성은 갈팡질팡 흔들릴 뿐이다. 호치민에게도, 응웬짜이에게도 핵심은 인민이었다. 추상적 인민이 아니라 구체적인 현실에서 괴로움에 신음하는 인민이었다. 외세의 침략으로 노예와 같은 삶을 사는 인민이었다.

쯔엉친(Trường Chinh)은 1950년대 북부 베트남의 토지개혁을 지도했다. 하지만 이 과정에서 많은 실책이 발생했고 결국 공식적으로 정책의 오류를 인정하고 일선에서 물러났다. 그리고 1986년 레주언의 뒤를 이어 도이머이 문건을 작성하고 곧바로 응웬반린에게 자리를 물려주어 정책을 추진하도록 했다.

그는 북부 베트남의 남딘(Nam Định) 출신이다. 1926년 초 남딘에서 판추찐의 추도식을 열려고 했지만 프랑스 식민당국은 불허했다. 이에 쯔엉친의 주도로 중등학교 학생들이 수업을 거부하고 전면적인 동맹휴교와 함께 거리로 나와 시위를 벌였다. 시위가 확산되자 결국 식민당국은 추모식을 허가했다. 하지만 이 사건으로 그는 200여 명의 학생들과 함께 퇴학처분을 받았다. 하노이로 올라 온 후 그는 인도차이나공산당에 입당했다. 하지만 응에띤 소비에트의 실패 여파로 그도 프랑스 비밀경찰에 체포되어 징역 12년형을 받았다. 선라(Sơn La) 감옥에서는 수감자들과 함께 조직을 결성하고 비밀스럽게 이론을 공부했다. 이후 1941년 5월 10일부터 15일에 팍보에서 열린 인도차이나공산당 제1기 제8차 중앙위원회에서 호치민의 제안으로 당 총서기로 공식 선출되었다. 「베트남문화강령」을 써서 지식인과 예술인들이 혁명에 합류하는 계기를 만들기도 했다. 1945년 8월 16일 떤짜오에서 열린 전국국민대표대회에서 총봉기를 제안했다. 그 후 베트남민주공화국의 내각에는 참여하지 않았고, 1951년 베트남노동당의 총서기가 되었다. 이후 토지개혁 과정의 폭력과 과오를 인정하고 사과한 후 총서기직에서 사임했다. 이후 그는 정책과 이론가로서 활약했다. 1986년 도이머이의 문건을 작성할 무렵 그는 80세에 가까운 고령이었다.

쯔엉친은 베트남혁명의 중요성을 동남아시아, 혹은 식민지주의와 민족해방운동 간의 갈등에 국한시키지 않고 베트남이 사회주의와 제국

선라 수용소(좌): 베트남 서북부지역의 산악지대인 선라(Son La)에 프랑스 식민 당국이 건설한 수용소. 이곳은 역설적으로 혁명의 학교라 불리기도 했다. **응웬반린 기념관(우)**: 그의 고향인 베트남 북부 흥옌(Hưng Yên)성에 세워진 기념관. 실질적으로 도이머이 정책을 추진한 인물이다.

주의 양대 진영간의 투쟁이 첨예하게 만나는 곳이라고 주장했다. 이러한 관점은 베트남에서 벌어지고 있는 전쟁이 단순한 베트남과 미국 혹은 베트남민주공화국과 베트남공화국 사이의 전쟁이 아니라, 세계 문명사적 의의를 지닌다는 말이다. 복잡한 국내외 관계들과 거대한 세계 문명사적 흐름이 충돌하고 휘돌아나가는 과정인 것이다. 그래서 베트남의 혁명은 이러한 세계적 관점에서 사상 투쟁을 벌여야 했던 것이다. 이런 흐름속에서 도이머이의 문건이 작성되었다.

아시아의 식민 지배를 받는 '야만'의 베트남에게 '문명'의 프랑스와 미국이 패배한 것이다. 어쩌면 베트남에 대한 그들의 증오의 배경에는 이런 인식이 놓여 있을 것이다. 중국은 역사적으로 자신들만이 문명이며, 그 주변은 모두 야만이라는 인식을 지니고 있었다. 송과 원과 명과 청 모두 베트남을 침략하면서 들었던 논리다. 그래서 1979년에도 중공은 '징벌'하기 위해서 베트남을 침공한다고 했다.

이제 도이머이를 공식적으로 수행할 임무는 응웬반린(Nguyễn Văn

응웬반린 묘(좌): 응웬반린의 묘는 호치민 시립묘지에 있다. **보반끼엣 기념관(우)**: 그의 고향 빈롱 지역에 마련된 기념관. 공원과 사당이 같이 있다.

Linh)에게 맡겨졌다. 그는 1975년부터 호치민시 당 서기를 지내며 남부 베트남의 실정과 문제점, 그리고 경제적인 어려움을 잘 알고 있었다. 「년전(Nhân Dân)」에 'NVL'이라는 필명으로 개혁적 논설을 발표했다. 이 글에서 당이 저지른 잘못을 엄격하게 비판했다. 관료적이며 중앙에서 아래로 명령하는 체계가 만연하여 인민의 주권이 제대로 발휘될 수 없었다는 자기비판이 이루어졌다. 도이머이가 공식화된 지 1년 후, 1987년 5월 25일 「년전(Nhân Dân)」 신문 1면에 '바로 해야 할 일들'이라는 글이 실렸다. 필명은 NVL이었다. 그리고 독자들이 가장 좋아하는 고정란이 되었다.

관료주의, 무책임, 낭비, 권위주의, 부정부패, 외교여권을 이용한 밀수 등 사회에 만연한 현상을 비판했다. 사실 모두들 알고 있지만 아무도 말하지 못했던 일들이었다. 또한 '강을 가로막고 시장을 금지'하는 정책, 비합리적 제도로 생산과 유통을 막는 문제 등을 비판했다.

훗날 응웬반린은 자신의 필명인 NVL의 의미를 묻는 질문에 '노이바람(Nói và Làm, 말하고 행하다)'의 약자라고 밝혔다. 말하면 반드시 행동하라는 뜻이다. 이는 말만 하면서 행동하지 않는 당시의 관료들에 대한 강한 비판이었다. 물론 자신의 이름 약자이기도 하다.

외세에 맞서 싸우던 사람들은 영웅이었지만, 외세를 물리친 후 타락하여 부정부패를 저지르는 사람도 생겼다. "진실을 직시하고, 진실을 말하며, 진실을 올바로 평가하자."는 그의 주장은 국민의 공감을 얻었다. 그리고 사회 전체에 큰 반향을 일으켰다. 그리고 막 시작되는 도이머이 정책의 성공에 대한 희망과 신뢰를 안겨 주었다.

이러한 상황을 보면 당시에도 여전히 도이머이를 추진하려는 세력과 그 반대 세력이 강하게 대립하고 있었음을 느끼게 한다. 쯔엉친의 정치 보고에서는 사회주의에 이르는 과도기가 비교적 장기적인 역사 과정이라는 것, 중공업 노선보다는 농업을 제1전선으로 하여 현실적 경제 건설을 추구해야 한다는 점, 생산력의 수준을 무시한 국유화와 집단화보다 베트남의 현실에는 시장 경제 원리를 도입하여 자본주의적 요소를 포함한 혼합 경제체제가 합법칙적이라는 점 등을 주장했다.

도이머이의 기수로 알려진 보반끼엣(Võ Văn Kiệt)은 남부 베트남 빈롱(Vĩnh Long)성에서 태어났다. 응웬반린이 호치민시 당 서기를 지내던 1976년에 그는 호치민시의 당 중앙위원회에서 활동했다. 그는 계획경제와 현실 사이에서 벌어지는 모순을 심각하게 느끼고 있었다.

그는 남부 베트남에서 프랑스 식민 통치에 맞선 무장투쟁에 참여했다. 1954년 제네바 협정 이후 남부에 남은 그는 베트남공화국의 지배 하에 지하 혁명 활동을 이어갔다. 이후 그는 남부 베트남의 혁명 조직을 지도하는 역할을 수행했다. 남부 출신으로는 드물게 고위 간부로 성장했다. 1975년 전쟁이 끝난 후 호치민시 인민위원회 주석에 이어 호치민시 당서기를 지냈다. 호치민시의 식량 문제를 해결하기 위해 응웬티 라오와 협력하여 중앙의 정책과 충돌하는 담장허물기 정책을 수행하며 도이머이의 싹을 만들어냈다.

1982년 베트남사회주의공화국 정부의 부총리에 재임하면서 전후 복구와 남부지방 경제특구 개발을 주도하고 산업부와 협력해 공업과 건설 부문의 문제들을 조정했다. 이 과정에서 도이머이의 토대가 되는 정책들이 서서히 만들어졌다.

1991년 총리에 오른 그는 국내의 도이머이 뿐만 아니라 적극적으로 대외 개방 정책을 추진했다. 외국인 직접투자를 유치하고 아세안(ASEAN)에 가입했으며, 한국과의 수교, 미국과의 수교도 모두 그의 재임기간에 이루어졌다.

1988년 4월 5일, 정치국은 제10호 결의(khoán 10)를 채택했다. 농업 부문을 개혁의 돌파구로 삼으면서 1981년에 시행된 제100호 생산물 할당제(khoán 100)가 일정한 성과를 거두었으나 여전히 협동조합 중심 체제를 벗어나지 못하는 상황이었다. 이 결의에서는 토지사용권을 생산자에게 부여하여 가족 단위로 장기 계약 후 경작할 수 있도록 했으며 생산물 할당 방식을 개선했다. 가족은 국가에 일정한 의무를 이행한 뒤에는 모두 자유롭게 생산물을 처분할 수 있도록 했다. 가격도 시장에서 형성된 가격에 따라 거래할 수 있게 했다.

이런 정책들에 힘입어 1989년, 베트남은 식량을 자급자족하게 되었다. 이전까지는 해마다 수십만 톤의 곡물을 수입해야 했다. 그런데 1989년부터는 곡물을 수출하기 시작했으며 1990년에 접어들어서는 세계 주요 쌀 수출국이 되었다.

그런데 이러한 개방 정책은 경제적 활력과 함께 여러 사회적 문제도 함께 불러일으켰다. 사적으로 빠르게 부를 축적하면서 빈부 격차가 확대되었고, 경제 관련 부정부패와 뇌물, 사기사건 등이 크게 늘어난 것이다.

보반끼엣 묘(좌): 호치민 시립묘지 응웬반린의 묘 옆에 있는 보반끼엣의 묘. **호치민 사당(우)**: 보반끼엣의 고향과 멀지 않은 짜빈(Trà Vinh) 북부 지역에는 호치민 사당이 있다. 1969년 9월 2일 호치민 사후 이곳 주민들은 1970년 3월부터 삼엄한 감시를 피해 밤중에 사당을 만들기 시작했다. 잦은 폭격으로 무너지기를 거듭하며 1971년 1월에야 비로소 완공되었다. 그 이후에도 폭격으로 파괴와 재건이 이어졌다. 당시 남부 사람들의 태도를 엿볼 수 있는 대목이다.

비약적인 경제성장은 그만큼 가난하고 낙후되어 있었음을 반증한다. 하지만 빛에는 그림자가 따른다. 새로운 사회구조와 모순은 해결해야 할 새로운 과제를 제기한다.

배고픔을 극복하는 것이 우선적인 일이었다. 만성적 생필품 부족을 해결하기 위해 경공업 부문을 육성하고 개인 혹은 소규모 단위의 생산 활동도 장려했다. 외화획득을 위해 수출 지향적 경제 구조도 필요했다. 1987년 제정된 외국인 투자법은 매우 파격적이고 개방적인 내용을 담고 있었다.

비효율과 부패의 온상이었던 국영기업은 어려운 개혁대상이었다. 국영기업을 주식회사 형태로 전환하면서 국가가 상당한 지분을 보유하여 통제권을 유지하는 방식이 적용되었다.

신흥 부유층도 생겨났다. 특히 당과 국가와 연줄을 통해 사업권을 따거나 이권을 챙기는 사람들이 생겼다. 외국자본과 결탁하거나 부동

응웬푸쫑 영정: 응웬푸쫑(Nguyễn Phú Trọng, 1944-2024)은 베트남공산당 총비서를 3연임 한 인물로 호치민 이후 처음으로 국가주석직을 겸한 총비서였다. 강력한 반부패 정책을 실시한 것은 물론 청렴한 이미지로 많은 사람들의 존경을 받았다. 사진은 베트남의 고유 불교 쭉럼(Trúc Lâm, 竹林) 선파의 성지 옌뜨(Yên Tử)산 아래 사찰에 모셔져 있는 그의 영정.

산 투기도 일어났다. 이들의 등장은 노동자, 농민, 도시 빈민을 소외시키고 그들이 삶을 더욱 비참하게 만들었다.

공산당 간부와 공무원들은 자신들의 인허가권을 이용해 사익을 챙겼다. 토지 사용권 전환, 국영기업 민영화, 외국인 투자 유치 등 개혁의 모든 마디가 부패의 온상이 되었다.

2011년 총서기에 오른 응웬푸쫑(Nguyễn Phú Trọng)은 국가 주석을 겸임하면서 강력한 반부패 캠페인을 주도했다. 이른바 부패의 온상에 불을 질러 버린다는 '불타는 용광로' 캠페인이 벌어졌다. 지위 고하를 막론하고 모두 부패와 관련한 조사가 이루어졌다. 특히 당과 정부 뿐만이 아니라 기업과 민간 부문에서도 광범위하게 부정부패 척결이 진행되었다. 공직자들은 경각심을 가졌고, 수많은 사건들이 기소되었다.

한편으로는 이 캠페인이 당내 권력 투쟁의 성격을 띠며 베트남 정치에 새로운 긴장감을 불어 넣었다.

현재 베트남에서 도이머이는 GDP 성장률을 높이는 방향보다는 사회와 문화, 인간에 초점을 맞춰 골고루 발전시켜 나가야 한다는 입장이다. 수입은 서서히 높아지더라도 인민의 치안, 건강, 인간 발전, 사회적 공평 문제 등을 잘 해결하면서 함께 나가려는 것이다. 베트남의 한 교수는 "밖에서 보면 별 거 아닐 수 있지만 베트남 내부에서 '시장경제'라는 단어를 공산당 문건에 등장시키기까지는 15년의 토론이 필요했습니다."라고 회상했다.

1986년 도이머이 정책이 본격적으로 시작된 후 1992년 헌법에서 비로소 도이머이 정책의 근거를 명문화했다. 17조와 18조에서는 국민 전체의 소유인 국가의 재산에 대한 내용을 담고 있으며, 58조와 59조에서는 개인 및 조직의 소유인 사유재산에 대해 명문화하고 있다.

1992년 12월 베트남은 한국과 수교를 맺었다. 이 과정에서도 양국 내에서 반발이 있었다. 특히 베트남에서 반발이 강했다. 굳이 적국과 수교를 맺어야 하냐는 의견이었다. 양국의 외교 실무자들의 노력 끝에 12월에 수교가 이루어졌다. 미국과는 1995년에 수교를 맺었다.

1993년 10월에 국제통화기금, 세계발전은행과 관계를 정상화했고, 점차 자유무역협정도 체결해 나갔다. 1995년 7월에 베트남은 아세안의 일곱 번째 회원국이 되었다. 1998년에는 아시아태평양경제협력포럼(APEC)의 회원국이, 2007년에는 세계무역기구(WTO) 회원국이 되었다.

유교와 불교의 도이머이

베트남 사상사에 외래사상이 자연스럽게 뿌리를 내릴 수 있었던 이유는 그것이 인민의 생활과 결합했기 때문이다. 그 수용 과정은 지식인들이 받아들이는 것과는 차이가 있다. 인민은 복잡한 이론과 논리로 사상을 받아들이는 것이 아니기 때문이다. 따라서 외래사상이 인민의 삶에서 피어나기 위해서는 창조적인 단계를 거쳐야 한다.

베트남에 유교가 수용된 것은 기원전 111년, 한 무제가 남월을 정복한 이후 본격화되었다. 이후 과거제와 성리학, 유교적 윤리와 제도가 차례로 이식되었다. 그러나 그것이 작동하는 방식은 중국과 달랐다. 중국에서의 유교가 황제의 권위를 공고히 하는 국가 이념이었다면, 베트남에서의 그것은 가족과 마을 공동체의 윤리를 지탱하는 생활 규범이었다. 레 왕조 시기 성리학은 국교 차원의 위상을 얻었지만, 인민은 여전히 마을을 중심으로 자율적 삶을 이어갔다. 충과 효라는 유교적 덕목도 중앙집권적 관점에서 형성된 개념이 아니라 삶의 현장에서 서로를 연결하고 규합하는 데 필요한 도덕적 의무 정도로 이해되었다.

베트남의 근대 혁명과 도이머이 개혁은 어느날 갑자기 등장하여 그런 특징을 지니게 된 것이 아니다. 그 뿌리는 수천 년 동안 외래 사상을 자신들의 현실에 맞게 변용해 온 베트남 사상의 역사에서 찾을 수 있다.

1975년 전쟁이 끝나기 2년여 전부터 통일 이후의 새로운 국가를 위한 사상적 토대를 준비했다. 그것은 곧 베트남의 고유한 사상이 무엇인지를 찾는 일이었다. 현실적으로는 사회주의를 근간으로 정치와 경제 체제를 구축하는 한편 베트남사회과학한림원 철학원을 중심으로 20여 명의 각 분야 학자들이 모여 베트남의 고유한 사상을 정립하기 위해 자료를 수집하고 분석한 것이다. 이 작업은 1993년이 되어서야 『베트남사상사』라는 출판물로 결실을 맺는다. 이 국가적 프로젝트를 주도한 인물은 마르크스주의자가 아니라 베트남 유학(儒學)을 전공한 학자였다. 이 책에서는 베트남의 사상사를 관통하는 하나의 붉은 실을 찾아낸다면 '나라사랑'이라고 주장한다.

응웬짜이의 사상은 민본(民本)의 전형을 보여준다. 유교가 지닌 제왕 중심의 위로부터의 사유를 민족적 정서와 결합시켜 베트남 사람 중심의 아래로부터의 사유로 전환하고 있다. 이는 당시로서는 상상하기 힘든 민주적인 사유였다. 그는 권력의 정당성이 백성에게서 나온다는 유교의 이론을 실제 현실에서 구현했다. 예컨대 그는 충(忠)의 개념을 왕에 대한 신하의 충이 아닌 인민에 대한 충으로 전환시킨 것이 대표적이다.

불교 역시 베트남에서 독특하게 변모했다. 불교의 핵심은 세속을 떠나 열반을 추구하는 '출세간(出世間)'에 있지만, 베트남 불교는 세속을 벗어나는 것이 아니었다. 쩐왕조의 태종과 인종은 민족의 생존이 위태로워지자 불교를 중심으로 민족의 단결을 이끌어 냈다.

이러한 흐름은 사상사에서 '삼교동원(三敎同源)'의 흐름으로 이어졌다. 인민의 삶에서 하나의 특정 이념만을 중시 할 수는 없다. 유학자가 불교를 배타적으로 대할 수는 있어도, 인민은 유교든 불교든 거기에서 필요한 부분을 선별적으로 수용하여 삶에 활용할 수 있는 것이다. 이러한 경향은 동남아시아 국가 중 베트남만의 독특한 특징이기도 하다. 다양한 민족과 존재를 서로 이해하고 공존하기 위한 지혜라 하겠다.

베트남 인민의 외래 사상 수용 경험은 훗날 마르크스주의를 베트남의 현실에 맞게 변형시키는 바탕이 되기도 한다. 베트남이 사회주의 국가이기는 하지만 민족의 해방과 인민의 행복이라는 목표보다 마르크스-레닌주의를 우선시 할 수는 없었다. 베트남 인민의 삶을 마르크스·레닌주의에 맞춰 송두리째 바꿀 수는 없었던 것이다. 바꾸려고 애써봐야 바뀌지도 않았을 것이고 앞으로도 그럴 것이다. 도이머이를 추진하는 과정에서도 이러한 베트남 특유의 사상사적 흐름이 작동한다.

불교도 유교도 초기에 베트남 사회에 유입될 때에는 마르크스·레닌주의처럼 낯선 사상이었다.

7장은 베트남사회과학한림원 응웬따이동(Nguyễn Tài Đông) 철학원장의 글이다. 도이머이의 사상적 토대를 밝히는 데 외래사상인 유교와 불교가 어떻게 베트남화 되는지를 소개해 달라고 의뢰하여 얻은 결과물이다. 나와는 20여 년간 교류를 한 사이라 나의 요청이 무엇인지 잘 알고 있다. 나는 외래사상이 베트남화되는 과정에서 살며시 드러나는 베트남 사상의 어떤 고유한 기미를 알고 싶었다. 동 원장이 보내온 글을 읽고 7장에 그의 글을 싣는 것이 좋겠다는 생각을 했다. 다만 베트남의 역사와 사상에 대한 이해가 없는 한국의 독자들에게는 조금 어려울 수 있겠다는 생각이 든다. 관심 있는 독자라면 참고문헌의 적절한 부분들을 통해 어렵지 않게 이해할 수 있을 것으로 보인다.

7

베트남 사상사에서
외래 사상의 베트남화

응웬따이동(Nguyễn Tài Đông)
베트남사회과학한림원 철학원장, 부교수, 철학박사.

1. 외래 사상의 '베트남화' 과정 개요

1) 문화 변용 이론

문화는 인간이 창조한 물질적·정신적 가치의 총체일 뿐만 아니라, 그러한 가치를 창조하는 방식이기도 하다. 실제로 많은 민족이 문화적 가치를 공유하지만, 그 생활 방식이나 문화 활동, 문화 창조 방식에서 완전히 동일한 경우는 없다. 특정 문화의 개별적인 가치만을 본다면 그 민족의 정체성을 올바르게 파악하기 어렵다.

문화의 변하지 않는 특성 중 하나는 모든 문화와 문화권이 존재하고 발전하기 위해 다른 문화 및 문화권과 교류할 수밖에 없다는 점이다. 그리고 바로 이러한 교류와 통합을 통해 민족들의 문화적 정체성이 발전하고 자신의 정체성 또한 명확하게 드러난다.

베트남과 중국은 역사적으로 오랜 문화 교류와 문화 변용을 경험했으며 중국 문화의 많은 요소가 베트남 민족의 삶 속으로 들어왔다. 2,000년간의 문화적 상호작용과 수용을 거치면서 베트남 사회생활에 남아 있는 중국 문화의 흔적은 실로 적지 않다. 이는 문자부터 문화, 신앙, 예술, 건축 등 여러 측면에서 나타난다. 그러나 베트남에 영향을 미친 중국 문화 시스템 전체 중에서 가장 중요하고 가장 큰 영향을 미친 부분은 바로 학설 즉 사상 체계이며, 그중에서도 특히 유교다. 유교는 역사 속에서 베트남 사상과 베트남 문화에 필수적인 요소가 되었다.

그러나 유교가 처음부터 베트남인에게 주도적으로 받아들여지고 발전된 것은 아니다. 베트남 민족의 역사는 외부 국가들과의 세 차례 큰 문화적 접촉을 목격했다. 첫 번째는 기원 초부터 베트남 토착 문화의기 반위에 불교가 유입된 것이다. 다음은 10세기부터 중국 문화(주로 유교)를 주도적으로 수용한 것이다. 그리고 가장 최근에는 19세기에 서구 사상이 전파되었는데, 특히 20세기 초부터 현재까지의 마르크스·레닌주의 사상이 그렇다.

유교는 베트남 민족이 독립을 유지한 거의 10세기 동안 큰 공헌을 했다. 비록 유교를 포함한 중국 문화가 기원 초부터 한족에 의해 베트남에 전파되었지만 10세기가 되어서야 중국 문화, 특히 유교가 베트남에서 점차 공식적인 지위를 얻게 되었다. 이러한 상황이 발생한 것은 1000년간 북방 민족이 베트남을 지배하고 있었기 때문이다. 유교는 단지 외래의 정신적 지배 도구로서만 존재했으며, 당연히 당시 베트남 사람들에게는 받아들여지지 않았다.

인식 문화적인 측면에서는 10세기 이전 베트남 사회는 유교와 같은 학설(통치 방식, 국가 이론, 도덕 및 인성 교육 모델 측면에서)에 적합한 전제를 충분히 갖추지 못했다. 마찬가지로, 유교 이론은 베트남 관리 계층과 지식인들에게 주도적으로 수용되지 못했기 때문에 북방의 내용을 그대로 유지하여 베트남 사회와 사상에 깊이 뿌리내리지 못했다.

그러나 베트남이 독립을 되찾은 후(938년) 상황은 완전히 달라졌다. 정치적 독립은 베트남이 최소한 세 가지 요소를 갖추도록 요구했다. 첫째, 민족의 독립 주권을 증명할 수 있는 사상적 독립. 둘째, 권력을 통일하고 집중시킬 사회 관리 모델 및 방식(법률 시스템 포함). 셋째, 인재 및 인적 자원을 양성할 메커니즘. 당시 베트남의 토착 문화 전체와 동남아시아 문화의 많은 특성을 지닌 불교 학설 시스템 모두 당시의 매우 시급한 요구를 충족시킬 능력이 부족했다. 바로 그 때문에 중국 문화의 정점 중 하나인 유교가 베트남 민족에게 가장 적합한 선택지가 되었다. 바로 이 세 가지 요구사항이 유교 측면에서 중국과 베트남 사이에 문화 변용이 일어나는 중요한 전제가 되었다.

2) '베트남화' 과정의 규칙

10세기 초, 베트남은 1000년 이상의 북속(北屬) 시기를 거쳐 독립을 되찾았다. 이 중대한 사건은 베트남 민족이 강렬한 자유 의지, 강인하고 굴하지 않는 정신뿐만 아니라 대대로 이어진 피비린내 나는 투쟁의 기반이 되는 견고한 사상 체계를 가지고 있었음을 증명한다. 투쟁은 독립을 되찾기 위한 것이었음은 물론 홍임금으로 상징되는 베트남 조상들이 이전에 세웠던 문화적 기반을 복원해야 하는 사명을 띠고 있었다. 바로 그렇기 때문에 17세기 베트남 유학자들은 『티엔남응으룩(Thiên Nam ngữ lục, 天南語錄)』에서 쯩 자매의 봉기를 다음과 같이 기록했다. "첫째는 원수를 깨끗이 씻어내고, 둘째는 홍왕 시대의 옛 사업을 되찾고자 한다."

이 시기 베트남인들의 사상 체계는 무엇보다도 자신의 사상과 조국과 민족에 대한 책임 의식이었다. 베트남인의 공동체 의식, 종족 의식, 그리고 자신만의 영토 의식은 어우꺼(Âu Cơ)와 락롱꿘(Lạc Long Quân) 사이에 태어난 '백 개의 알' 이야기에서 매우 분명하게 드러난다. 민족 국가 정신을 확립하는 의미 외에도 '백 개의 알'이야기는 당시 베트남 사회에 대한 인문주의적 관점을 명확하게 보여준다. 그 사회는 개별적인 사람들의 집합이 아니라 서로 긴밀하게 연결된 공동체였다. 이 유대감은 혈연관계로 상징되었으며, 사회 구성원들 사이의 신성한 연결을 나타낸다. '동포'의 의미는 이 이야기에서 바로 드러난다.

베트남인들은 정치 제도, 사회 구조, 교육 제도를 적극적으로 수용했을 뿐만 아니라 중국 철학의 일부 기본 개념을 베트남 현실에 맞게 주도적으로 접근하고 변화시키고 발전시켰으며 베트남의 실질적인 문제를 해결하기 위해 그러한 개념들을 베트남인들의 사상 체계 내에서 재구성했다. 중국 철학이 주로 유교, 불교, 도교였다면, 옛 베트남 지식인들은 유교와 불교의 특정 내용만을 주로 수용한 것으로 보인다.

추반안(Chu Văn An), 응웬짜이(Nguyễn Trãi), 레타인똥(Lê Thánh Tông), 응웬빈키엠(Nguyễn Bỉnh Khiêm), 응웬즈(Nguyễn Dữ), 풍칵콴(Phùng Khắc Khoan), 레뀌돈(Lê Quý Đôn), 레흐우짝(Lê Hữu Trác), 응오티념(Ngô Thì Nhậm) 등 주요 인물들이 보여주는 베트남 유교는 베트남의 사상적 전통과 문화적 전통에 기반하여 유교를 수용하고 발전시켰으며 현실 문제를 해결하기 위한 정치, 사회, 인간 생활에 대한 관점을 제시하고 있다.

베트남 불교는 인도 불교와 중국 불교를 모두 수용했으며, 13세기 말에는 베트남의 고유한 불교 종파인 '쭉럼 선종(Thiền phái Trúc Lâm)'이 등장했다. 이 종파는 불교의 올바른 길을 따르면서도 속세의 생활에서 벗어나지 않았고 현실적인 인간의 행복에서 완전히 분리되지 않았다.

유교를 따르든 불교를 따르든, 속세에 참여할 것을 주장하든 속세를 떠날 것을 주장하든, 삶에 대한 해석 방식이 다르든지간에, 베트남의 전통 지식인들은 모두 한 가지 점에서 높은 일치를 보였다. 그것은 바로 행복하고 아름다운 사회의 전제 조건을 확립하는 것이었다. 그 전제 조건은 민족의 독립이었다.

베트남 민족 전체는 오직 독립, 자율, 자유, 평화, 통일만이 베트남 국가와 베트남 사회가 안정, 발전, 행복을 얻을 수 있음을 깊이 인식했다. 자유와 평화를 향한 갈망, 자율과 자강의 의지는 베트남 전통 사상에서 일상적으로 그리고 두드러지게 나타난다.

팝투언(Pháp Thuận) 선사는 국가의 일에 대한 임금의 질문에 명확하게 답했다. "나라의 모습은 구름과 같아 휘말리나 남쪽 하늘에는 태평성대가 열린다. 궁궐에서 무위로 다스리니 곳곳에서 전쟁이 그친다."

또한 베트남 최초의 독립 선언으로 여겨지는 불멸의 시 「남꾸옥선하(Nam quốc sơn hà, 南國山河)」에서 리트엉끼엣(Lý Thường Kiệt)은 다음과 같이 확언한다. "남쪽 나라 강산은 남쪽 임금이 다스리나니, 이는 분명히 하늘의 책에 정해진 바다. 어찌하여 오랑캐들이 침략해오는가, 너희들은 반드시 패할 것이다."

인자함, 관용, 자비와 같은 건국 초기 불교 승려들이나 유학자들이 사용했던 일련의 주요 개념들도 이러한 독립과 자율의 정신, 평화에 대한 갈망을 중심으로 이해한다.

2. 봉건 시대 불교의 '베트남화' 과정

1) 베트남에 전해진 불교는 어떤 불교인가?

유교가 오직 중국에서만 전해진 것과 달리 불교는 인도와 중국 모두에서 베트남으로 유입되었고 남방 불교와 북방 불교가 모두 들어왔다. 그러나 어떤 종파든 불교의 정신은 여전히 자비희사(慈悲喜捨), 중생 구제, 타인을 위한 자기희생이며 늘 인간의 삶에 관심을 가진다.

『화엄경(華嚴經)』에 이런 구절이 있다. "불위자기구안락, 단원중생 득리고(不爲自己求安樂, 但願衆生得離苦), 내 한 몸의 안락을 구하지 않고 다만 중생이 고통에서 벗어나기를 원한다". 또한 지장보살의 정신에서도 이런 말을 찾아볼 수 있다. "지옥미공 서불성불 중생도진 방 증보리(地獄未空, 誓不成佛. 衆生度盡, 方證菩提), 지옥이 빌 때까지는 성불하지 않으리라 맹세하고 중생을 모두 구제한 후에야 보리를 증득하리라."

불교의 많은 기본 교리 또한 타인, 인간의 삶, 사회에 대한 책임을 강조하고 있다. 그러므로 불교의 사회적 책임은 오계(살생 금지, 도둑질 금지, 사음 금지, 거짓말 금지, 음주 금지), 사무량심(자, 비, 희, 사), 육 바라밀(보시, 지계, 인욕, 정진, 선정, 지혜), 그리고 사섭법(보시, 애어, 이행, 동사)으로 이해할 수 있다. 불교 경전인 『무명나찰집(無明羅刹集)』에는 다음과 같이 기록되어 있다. "능선해화 조작업과 전륜생사(能 善諧和 造作業果 轉輪生死)"는 타인과 조화롭게 지내고 조화를 이루는 일을 하는 것이 선을 행하고 덕을 쌓는 일이며, 동시에 생사에서 벗어나는 효과도 있다는 의미다.

불교는 늘 사람과 사람 사이의 평등을 주장하고 사회적 조화를 촉구

한다. 불교는 노예제도에 반대하고 중생의 평등과 국가 간 평화를 주장하며 자비로운 세상을 호소한다. 불교 교리의 출세간적이고 청정한 정신과, 인간의 삶에 대한 관심 사이의 문제에 대해서 질문을 던질 수 있을 것이다. 예를 들면 적극적이고 사회적 책임감이 있는 삶의 태도를 신체의 이완, 사고의 내려놓음, 영혼의 청정을 바탕으로 한 선정적인 삶과 어떻게 조화시킬 수 있을까? 선정과 사회적 책임은 서로 모순되는 것일까?

게다가 불교 교리의 궁극적인 목표는 생사 해탈, 즉 인간을 고통에서 벗어나게 하는 것이다. 그러나 생사 해탈은 불자들이 속세를 떠나 사회에 대한 책임을 회피하라고 주장하는 것이 아니라, 무엇보다도 사회 시민으로서의 모든 의무와 책임을 완전히 수행하고 심지어 모범이 되며 전심전력해야 한다는 것과 모순되지 않는다. 바로 그렇기 때문에 우리는 '불법을 널리 알리고'와 '중생을 이롭게 한다'는 두 명제가 서로 연결되어 있음을 자주 듣게 된다. 불교는 사회 변화에 적응하기 위한 유리한 역사적 전제를 가지고 있다. 불교 전통에는 강렬한 입세(入世) 정신이 있기 때문이다. 이는 근대 서구에서 말하는 '세속화(secularization)'와는 다소 거리가 멀다. 서구의 세속화는 신권과 세속권의 분리, 종교의 정치 개입 배제, 교회 영향력으로부터의 교육 분리, 헌법과 법치주의에 기반한 종파의 다양화, 신앙의 다원화 등의 방식으로 나타난다. 세속화로 인해 종교는 사회와 문화의 중요한 부분이 되었을 뿐, 사회와 문화가 종교에 의해 지배되지 않게 되었다. 이러한 사회 구조의 변화는 당시 사람들의 문화생활과 관념, 사상의 변화로 이어졌다.

문학, 예술, 철학 등 다양한 분야에서 종교가 축소되고 약화되는 것을 볼 수 있으며, 이와 함께 인간의 주관적 의식이 고양되는 현상이 나타났다. 다시 말해, 종교적 색채가 없거나 종교적 설명에 의존하지 않는 세계관과 인생관을 가진 개인이 점점 늘어난 것이다. 이러한 세속화가 곧 종교의 쇠퇴를 뜻하는 것은 아니다. 달리 말하면, 세속화 과정은 종교적 정신과 종교적 도덕의 범위를 축소했지만, 종교는 사라지지 않고 새로운 발전의 길로 들어서게 되었다.

불교의 인문주의 정신은 또한 자비희사의 경지인 무연대자 동체대비(無緣大慈, 同體大悲)의 철학으로 대표되는 불교의 사회와 인간의 삶에 대한 감정과 관심에서 나타난다. 이 감정은 불교에서 가장 자비롭고 친숙한 관세음보살의 형상을 통해 표현된다. 관세음보살은 자신과 인연이 없는 사람들을 포함하여 모든 사람들을 구제하겠다는 서원을 세웠다. 그래서 '무연대자(無緣大慈)'라고 이름한다. 인연이 없는 사람들을 구제하려는 서원은 조건 없는 사랑, 아무런 이유 없이 자기만족을 위해서가 아닌 순수한 자연스러운 선행을 의미한다. 이러한 동기를 가질 때에야 비로소 '동체대비(同體大悲)'를 실현할 수 있다. 즉, 타인을 자신과 동일시하고 평등하고 이기적이지 않은 바탕 위에서 타인의 고통을 이해하고 공감하며 돕는 것이다.

타인의 고통을 자신의 고통으로 이해하고 그로부터 모든 사람이 고통에서 벗어나기를 갈망하고 행동하는 것이 자비가 아니라면 무엇이겠는가? 그리고 이 의미와 함께 반대로 표현하면 희사(喜捨)는 타인이 행복할 때 자신이 행복을 느끼고 그것을 출발점으로 삼아 타인을 돕고 타인을 행복하게 하거나 해탈하려는 것이다.

인간과 타인 사이의 이러한 인문주의적 연대는 많은 위대한 사상 체계의 특징이기도 하다. 자비와 희사는 사회의 무관심과 악, 증오를 제거하는 효과적인 기반이자 도구가 된다. 이는 또한 개인이 사회적 책임을 수행하고 함께 더 나은 사회를 건설하는 전제이자 동기이기도 하다. 바로 그렇기 때문에 우리가 석가모니의 정신에 따라 의무와 책임을 올바르게 이해하고 행동한다면 사회에는 더 이상 불평등, 불공정, 인권 침해 및 인간의 발전을 제한하는 일이 없을 것이며, 그 대신 우리는 더욱 조화롭고 공정하게 살게 될 것이다.

여기에는 권리와 책임이라는 두 가지 개념이 있다. 서구 사상에서 권리와 책임은 윤리와 사회생활의 거의 모든 측면을 포괄하는 긴밀한 관계를 형성한다. 권리와 책임은 서로 의존하며, 권리를 누리는 정도는 책임을 져야 하는 정도와 일치한다. 일부 학자들은 불교도 이와 유사한 관념을 가지고 있다고 주장한다. 불교 교리에 따르면 인간은 완전한 자유와 책임을 가지고 태어나기 때문이다. 그러므로 의무와 권리 또한 이분법적인 개념이 아니다. 왜냐하면 이것이 없으면 저것도 존재하지 않으며, 권리가 없으면 책임도 존재하지 않기 때문이다.

불성(佛性) 평등의 관점에서 출발하여 모든 인간이 불성을 가지고 있다고 생각하므로 불교는 모든 사람이 서로 평등하다고 추론할 수 있다. 도생(道生)은 『법화경소(法華經疏)』에서 다음과 같이 말했다. "일체 중생 개당작불(一切衆生, 皆當作佛) 모든 사람은 모두 부처가 될 수 있다". 이것은 또한 인연설과도 일치한다. 원인과 조건이 있으며, 모든 것에 오직 하나의 원인만 있을 수는 없기 때문에 인간은 모든 생각, 말, 행동에 대해 모든 사람에게 주의를 기울여야 한다. 인간은 태어날 때부터 자유로우므로 인간은 존엄성, 권리, 책임 모두에서 서로 평등하다. 바로 그렇기 때문에 석가모니는 다음과 같이 말했다. "자위자의호 타인하가의 자기선조어 증난득소의(自為自依怙 他人何可依 自己善調御 證難得所依), 스스로가 자신의 구원자이니 남에게 어찌 의지하겠는가 스스로를 잘 조복하면 얻기 어려운 의지처를 얻으리라 ", "정불정의기 타하능정타(淨不淨依己 他何能淨他), 깨끗하고 깨끗하지 않음은 자신에게 달렸으니 자신이 스스로 만들지 않으면 다른 누가 깨끗하게 할 수 있겠는가 ".

2) 불교 정신의 '베트남화'

초기 불교의 기본 교리는 삼법인(三法印)으로 제행무상(諸行無常), 제법무아(諸法無我), 열반적정(涅槃寂靜)을 의미한다. 이러한 관점에 따르면 세상의 모든 현상은 영원불변한 것이 없으며, 끊임없이 변화하고 갱신되어야 한다. 불교가 세상에 존재하는 것도 이러한 보편적인 원리에서 벗어나는 것이 아니다.

베트남 불교는 베트남 역사와 문화의 유기적인 부분이다. 존재하고 발전하는 과정에서 베트남 불교는 끊임없이 토착화되었을 뿐만 아니라 끊임없이 변화하여 사회와 인간의 삶에 입세(入世)의 정신을 가져왔고 새로운 시대에 자신과 민족 문화를 발전시키는 데 기여했다. 민족의 많은 중요한 역사적 단계에서 베트남 불교는 조국과 인민에 대한 책임을 결코 포기하지 않았다.

오늘날 사회에서는 쾌락주의, 금전주의, 개인주의의 씨앗이 점점 더 확산될 위험이 있으며, 이와 함께 사회적 유대 관계의 균열, 타인에 대한 무관심, 가치 지향의 혼란, 그리고 인간의 존엄성 하락이 나타나고 있다. 이러한 상황은 불교에 대한 문화적, 도덕적 사명을 더욱 부각시킨다. 불교의 역사적 역할이 현재에도 유지될 수 있을지는 불교가 이러한 문제의 새로운 형태를 어떻게 인식하고 해결하는 데 기여하는지에 달려 있다. 종교는 인간에 의해 창조되었고 또한 인간을 위해 존재한다.

불교 또한 그렇다. 불교는 인간을 근본으로 삼고, 인간의 심성 수양을 강조하며, 정신적인 삶이 인간 생활에 필수적인 요소임을 강조한다. 자력(自力)과 타력(他力)에 대한 관념은 인간이 용기를 얻고 두려움을 극복하며 사상적 기반을 마련하고 정신적, 영적으로 위로를 얻는 데 도움이 될 수 있다. 불교의 관점에 따르면 자비는 선의 근본이며 모든 덕목을 담고 있는 곳이다.

불교가 사회적 책임을 수행할 수 있도록 돕는 전제 중 하나는 불교가 사람들을 하나로 모으는 힘을 가지고 있고 사회적 연결을 강조한다는 사실이다. 불교 인간철학의 기본 이론 중 하나는 연기설(緣起說)이다. 부처는 깨달음을 얻은 후 다음과 같은 핵심적 주장을 제시했다. "이것이 있으면 저것이 있고. 이것이 없으면 저것이 없다. 이것이 생하면 저것이 생하고. 이것이 멸하면 저것이 멸한다." 이 관점은 만물과 만사 사이, 그리고 모든 사람 사이의 긴밀한 상호관계와 인과 관계임을 보여주고 있다.

불교의 자비 평등, 원융무애(圓融無礙)의 관점은 사회에 견고한 유대 관계를 형성하고 사람들이 선을 지향하게 하며 풍습과 생활 방식에 가치를 창조하는 확고한 기반이 되었다. 역사적인 관점에서 보면 베트남 불교는 인성 형성, 도덕 규범 구축, 사회 안정 유지에 많은 기여를 했다. 이것 또한 사회에 대한 불교의 책임이다.

도덕 규범은 사회의 핵심 가치이며 그중 불교의 도덕 규범은 적지 않은 역할을 했다. 불교의 도덕 규범은 기본 교리와 계율 체계에 나타난다. 예를 들어 불교의 오계(불살생, 불투도, 불사음, 불망어, 불음주)는 불교의 가장 기본적인 계율이자 숭고한 인문주의 정신을 담고 있다. 그것은 모든 생명을 존중하고 타인을 자신처럼 대하며 물질적 재산에 대해 합리적인 인생 태도를 가지며 가족과 조화를 이루고 신의 있고 정직한 사람을 양성하며 도덕적 자질을 높이는 것 등이다.

불교는 이론적인 차원에서만 존재하는 것이 아니라 평범한 일상생활의 의식주부터 대인관계, 도덕적 예의 등 여러 세대에 걸쳐 많은 베트남인들의 생활 방식과 사고방식에 깊이 스며들었다. 이러한 전통 문화적 가치들은 여전히 계승, 발전, 강화되어야 하며 다양한 표현 형태로 확대되어야 한다. 이는 사회에 긍정적인 가치를 가져다주는 것은 물론 불교만의 정당한 존재와 활력을 너욱 확증할 것이다.

문화는 계승되어야 하며 불교 문화를 계승하는 데는 교육보다 더 좋은 방법이 없다. 여기서 교육은 지식 전달만을 의미하는 것이 아니라 인간 생활 교육, 즉 영혼을 배양하고 도덕적 가치를 함양하여 현대 사회에 적합한 윤리 규범 체계를 형성하는 것을 의미한다. 이것 또한 문화에 대한 불교의 책임이다.

사회 변화에 대한 적응은 많은 종교, 그중에서도 불교의 특징이자 본질이다. 역사적으로 볼 때 불교는 자신의 유입 및 사회 적응 과정에서 늘 조화를 유지했다. 이러한 조화가 가능했던 것은 기본적으로 불교가 선세이인(善世利人)의 방식을 선택했기 때문이다. 그리고 그 과정에서 적응하기 위해 베트남 불교는 늘 자신에게 용감하고 엄격했으며 스스로를 변화시키고 정화했다.

불교의 근본 원칙 중 하나는 인간을 근본으로 삼고 인간을 중시하는 사고방식과 가치 지향을 불교의 다른 교리와 의미에 관철시키는 것이다. 인간을 근본으로 삼는 것은 불교 내에 나타나는 미신, 점술, 귀신 숭배 등 극단적인 경향의 출현에 저항하는 것과 긴밀하게 연결되어야 한다.

바로 그렇기 때문에 새로운 시대의 요구에 적응할 때 불교는 세속의 저급한 요구에 휩쓸려서는 안 되며, '보도중생(普度衆生)'의 책임, 즉 숭고한 불교적 인생관으로 사회를 인식하고 비판하며 사회 문제를 해소하고 인간을 더욱 인간답게 만들며 인간의 존엄성과 정신적인 삶을 향상시키는 방안을 제시해야 한다. 불교는 또한 계승과 창조의 관계를 무리없이 해결해야 하며, 비판 정신을 가지고 새로운 시대의 진보적인 흐름에 맞지 않는 것을 과감히 버리는 바탕 위에서만 불교의 귀중한 유산을 계승하고 발전시킬 수 있다.

불교는 또한 종교와 사회 사이의 관계를 해결하고 사회의 진정한 요구를 올바르게 인식해야 한다. 이 요구는 단순히 일부 개인의 순수한 영적 요구만이 아니라, 새로운 시대에 사회 전체, 민족 전체, 국가 전체의 요구가 중요하다. 베트남 불교의 대부분은 대승 전통을 따르지만 대승 이념을 현실에서 대승적 행동으로 바꾸는 것은 엄청난 어려움과 희생을 동반한다. 이렇게 되어야만 불교가 사회의 발전에 기여할 수 있다. 다시 말해, 불교가 민족의 발전과 동반하는 책임을 수행할 수 있게 된다.

3) 적극적인 입세(入世)

베트남 불교는 역사적으로 적극적인 입세의 전통을 가지고 있다. 화광동진(和光同塵)의 정신은 리(Lý)·쩐(Trần) 시대 베트남 불교의 주된 정신이었다. 베트남 불교의 첫 번째 선종 종파 또한 그 입세 정신을 내포하고 있었다.

쭉럼 선종은 처음부터 선학(禪學)과 민족, 불법과 중생 사이의 통일을 이루었다. 쩐년똥(Trần Nhân Tông)의 사상, 특히 출가 후의 선 사상은 입세적 사상으로, 불국(佛國) 이념과 조국 이념을 결합했다. 원의 침략군을 두 차례 크게 물리친 후, 그는 관대한 치국(治國) 정책을 시행

리 왕조의 황성: 1010년 리타이또(Lý Thái Tổ, 李太祖)가 호아르(Hoa Lư)에서 탕롱(Thăng Long, 昇龍)으로 천도하면서 건설한 황성(皇城). 오늘날에도 베트남의 수도다.

하고 사회를 안정시키며 문화를 발전시켰다.

원의 화가인 진감여(陳鑑如)가 그렸다고 알려진 〈죽림대사하산지도 (竹林大士下山之圖)〉라는 그림의 서문에서 쩐꽝치(Trần Quang Chỉ) 는 쩐년똥에 대해 다음과 같이 평했다. "그는 인자함으로 나라를 다스리고 성실함으로 중국을 섬겼으며 신하들을 손발처럼 대하고 백성들을 갓난아기처럼 보살폈으며 형벌을 경감하고 세금을 감면하는 한편 상벌을 엄정하게 시행했다"(其治國以仁 其事中國以誠 遇群臣如手足 撫百姓如赤子 輕刑薄賊 信賞必罰)

앞서 언급했듯이 쩐년똥은 베트남적인 특징을 지닌 쭉럼 선종을 건

추어 꼬팝(좌): 꼬팝(Cổ Pháp, 古法) 사찰은 리타이또가 태어나고 어린 시절을 보낸 곳으로 알려져 있다. 리타이또는 이곳에 태묘를 세우도록 했다. 이때부터 이조 국모(李朝國母)의 사당이 되었다. **불적사 아미타상(우)**: 불적사(佛跡寺)는 리 왕조의 대표적인 아미타 성지에 세워진 사찰이다. 베트남 불교미술의 걸작으로 국보인 이 사찰의 아미타상은 1057년에 조성되었다. 사진의 아미타상을 보면 프랑스군의 총격으로 부서진 부분들을 복원한 흔적이 역력하다.

설하는 데 매우 의식적이었다. 그는 쭉럼 선종을 창설했으며, 외부적으로는 중국에 사신을 보내 대장경을 요청하였다. 내부적으로는 불교 경전을 인쇄하고 사찰을 짓고 불상을 조성했다. 불교는 인간을 고통의 바다에서 벗어나게 하는 학설이자 출세간(出世間)적인 철학이다. 해탈의 목적 또한 쭉럼 선종의 창시자로서 쩐년똥이 추구했던 것이다.

　그러나 쩐년똥은 조국에 지대한 공헌을 한 왕이었기 때문에 비록 그가 퇴위하고 출가한 상태에서도 여전히 조정과 다양하고도 긴밀한 관계를 맺었다. 쭉럼 선종의 세력을 강력하게 발전시키기 위해 그는 자신의 세속적 권력을 매우 의식적으로 활용했다. 『땀또특룩(Tam Tổ Thực Lục, 三祖實錄)』에는 1308년 조어(調御), 즉 쩐년똥이 팝로아(Pháp Loa)를 쭉럼 선종의 두 번째 조사로 공식적으로 임명하는 성대한 의식이 기록되어 있다. 이 의식에는 쩐아인똥(Trần Anh Tông), 쩐아인똥 임금의 동생, 관리들, 그리고 승려들이 참석하여 미래의 쭉럼 선종 지도자들의 위신을 강화했다. "개당(開堂)과 전법(傳法) 의식은 조상들의 위패 앞에서 시작되었고, 웅장한 음악이 연주되고 향이 피워졌다. 조어는 스승을 이끌고 조당(祖堂)에 절을 올렸다. 죽을 먹은 후 조어는 다시 음악을 연주하고 큰 북을 울리게 하여 모든 사람들을 법당에 모이게 했다. 이때 아인똥 임금도 행차했다. 모든 사람들은 주빈의 자리를 나누었다. 불법의 대단월(大檀越)로서 아인똥은 법당의 주빈 자리에 섰다. 국

일주사: 리 왕조 초기에 세워졌는데 프랑스군이 1954년 하노이에서 철수하면서 파괴한 것을 복원하였다. 리타이똥(李太宗, 재위 1028-1954)이 연꽃 위에 앉은 관음보살의 꿈을 꾼 뒤 그에 착안하여 하나의 기둥에 연화대(蓮花臺)를 만든 것으로 알려져 있다.

쩐년똥 상: 옌뜨(Yên Tử, 安子)산 중턱에 쩐년똥(Trần Nhân Tông, 陳仁宗, 재위 1278-1293)의 상을 최근에 조성한 것이다.

부상제(國父上齊)와 관리들은 마당에 서 있었다. 조어는 법좌에 올라 법을 설파했다 … 설법이 끝난 후 시에우로아이(Siêu Loại)사찰과 옌뜨(Yên Tử) 산문을 스승에게 넘겨주어 쭉럼 선종 제2대 주지로 삼았다."

중국 선종은 달마(達磨)의 선을 중국화한 것으로, 주로 노장화(老莊化), 현학화(玄學化) 경향을 띤다. 중국 선종이 인도 불교와 다른 중국식 사유 방식을 갖게 된 데는 유교 철학, 중국 도가 철학이 모두 내재적 초월(內在超越)이라는 기본적인 특징을 가지고 있었기 때문이다. 중국 선종이 송명리학(宋明理學)에 깊은 영향을 미친 것은 바로 그 사유 방식 속의 내재적 초월성 때문이다.

유교 학설이 추구하는 내재적 초월의 특징은 도덕 영역에서 이상적

한지붕 수행처: 쩐년똥이 수행하던 절벽 기슭의 암자. 좁은 수행처에 비를 피하기 위해 한쪽에만 지붕을 낸 까닭에 한 지붕 사원이라는 이름을 얻었다.

인 인격, 즉 자아를 초월하여 성인이 되는 데 있다. 그에 대해 도가(道家)의 그것은 정신 영역에서 절대적인 자유, 즉 자아를 초월하여 선인이 되는 것이다. 중국 선종의 그것은 영원한 열반의 경지, 즉 자아를 초월하여 부처가 되는 것이다. 바로 이 점에서 선종은 여전히 일정한 종교적 형태를 띠고 있다고 할 수 있다.

쩐년똥 또한 마찬가지로 불교 학문을 숭상했지만, 다른 학설에 대해서도 개방적이고 존중하며 선(禪)을 기반으로 수용하는 태도를 보였다.

4) 쩐년똥, 베트남 불교의 서막을 열다

민족 역사 속에서 불교를 오랫동안 '베트남화'하는 과정에서 쩐년똥은 쭉럼 선종을 창설함으로써 이정표를 세웠다. 다시 말해, 우리가 흔히 쓰는 말처럼 전환점을 열었다. 쭉럼 선종은 베트남 최초의 토착화된 종파였다.

베트남은 천 년간의 북속 시기 이후 독립을 되찾은 이래로 딘(Đinh) 왕조부터 전 레(Tiền Lê) 왕조에 이르기까지 모두 불교를 매우 중요하게 여겼다. 특히 리(Lý) 왕조와 쩐(Trần) 왕조는 모두 불교를 국교로 삼아 황제와 승려가 함께 천하를 다스리는 상황을 만들었다.

그러나 이 시기 불교의 종파들은 모두 외국인에 의해 창설되었다. 주요 세 종파의 등장이 그 전형적인 예다. 띠니다르우치(Tì Ni Đa Lưu Chi, ?-594)는 남천축(인도) 출신으로, 중국에 가서 학문을 배운 삼조 승찬(僧璨)의 법제자였으며 베트남 땅에 와서 띠니다르우치 선종을 창설했다. 보응온통(Vô Ngôn Thông, 無言通, 759?-826)은 당나라 승려로, 백장회해(百丈懷海) 선사의 제자였으며 820년에 베트남으로 건너와 끼엔서(Kiến Sơ) 사찰에 머물면서 무언통 선파를 창설했다. 타오드엉(Thảo Đường) 또한 중국 승려로 운문종(雲門宗)에 속해 있었으며 타오드엉 종파를 창설했다.

쭉럼 선종의 등장은 베트남 불교 종파가 외국인에 의해 창설되던 양상에 종지부를 찍고 불교가 베트남에 정착하도록 했다. 또 당시 베트남인들이 그것을 자주적으로 흡수하고 발전시킬 수 있음을 증명했다. 달리 말해, 이 시기 베트남의 불교는 더 이상 베트남에 있는 인도 불교도 아니고 중국 불교가 아닌, 바로 베트남 불교로 거듭난 셈이다. 그에 따라 베트남 불교 토착화 과정의 중요 전환점은 쭉럼 선종의 탄생으로 공식 기록하게 되었다.

어쨌든 쩐년똥 시대에 이르러 베트남에서 10세기 이상 발전한 불교

옌뜨 산길: 옌뜨산은 해발 1068m의 높이로 쭉럼 선파의 성지다. 급격하게 변화하는 날씨와 잦은 안개로 신성함을 더한다. 수많은 사찰이 산 곳곳에 자리 잡고 있다.

쩐년똥 탑: 몽골의 침략을 두 차례 물리친 황제이자 불황(佛皇)으로 추앙받는 쩐년똥의 사리가 모셔져 있는 탑이다. 이 탑 이외에 사리를 모신 다른 곳은 아직까지 찾지 못하고 있다.

옌뜨산 추어동: 사원은 처음에 17세기 무렵에 조성했지만 폭풍으로 인한 소실과 복원을 여러 차례 반복하였다. 폭풍에 의한 소실을 방지하기 위해 2006년부터 70여 톤의 동을 이용하여 중건을 시작한 후 2007년에 완공했다.

는 당시 사회생활과 이론 활동에 깊이 스며들었다. 쩐년똥의 선학 사상은 직접적으로 중국 선학에서 비롯된 것이 아니라 베트남에서 발생하였고 베트남 선승들에 의해 길러진 선맥에서 비롯된 것이다. 달리 말해, 쩐년똥은 그 이전 베트남 선승들의 선학 사상을 집대성하여 쭉럼 선종을 창설했다. 이는 불교 '베트남화' 과정의 완성을 알리는 이정표가 되었다.

쩐년똥에게 '불교의 베트남화'는 종파 창설, 통일된 불교 교단 건설 및 강화에 대한 의식을 비롯하여 베트남 불교, 특히 베트남 선학의 이론적 수준을 확립하는 것이었다. 깨달음의 길에 도달하기 위해 쩐년똥은 중국 남종선(南宗禪)의 혜능(惠能)과 베트남 선학의 '견성(見性)', '오(悟)', '각(覺)' 관념을 활용하고 발전시켰다.

우리는 쩐년똥의 '마음이 곧 부처'라는 관념에서 출발하여 그의 해탈

사상과 깨달음 사상을 탐구할 수 있다. 쩐년똥의 마음이 곧 부처(佛卽心), 부처가 마음 안에 있다는(佛在心中) 관념의 출발점은 그의 관념에 따르면 인간의 마음이 '무명(無明)', '탐애(貪愛)'에 가려지고 번뇌와 망념에 막혀 청정하지 않다는 것이다. 망념을 제거하기만 하면 즉시 청정한 마음으로 돌아가 해탈에 이르게 된다.

그는 다음과 같이 말했다. "만업이 고요하고 안온하니 본성이 드러나네; 반나절 지나니 몸과 마음이 자유롭네. 탐애의 근원 끊으니, 보물과 옥을 기억하지 않네; 시비의 소리 고요하니, 꾀꼬리 노래 소리 들을 수 있네."(『거진락도(居塵樂道)』 제1회), "인아(人我)를 끊어버리면 금강보배의 모습 나타나고; 탐진치(貪嗔痴)를 모두 멈추면 원각(圓覺)의 묘한 마음 드러나네."(『거진락도(居塵樂道)』 제2회), "스스로 밝게 비추는 지혜의 본성은 탐욕을 부리지 않으니 어찌 날개 달린 제비가 옌뜨(Yên Tử)에 있는 것 때문이겠는가; 청정한 색과 소리의 생각은 멈추면 변하지 않으니, 어찌 동쪽 산의 사암(寺庵)에 앉을 필요가 있겠는가."(『거진락도(居塵樂道)』 제3회).

쩐년똥의 마음이 곧 부처라는 관념은 혜능이 제창한 남종선의 사상 학설을 계승하고 발전시킨 것이다. 『거진락도(居塵樂道)』는 이러한 사상을 매우 분명하게 보여준다.

쩐년똥의 마음이 곧 부처라는 관념(卽心卽佛)은 그의 교리적 기반이 되었다. 그는 또 "본성은 고요하고 청정하여 선도 악도 없다"(本性寂靜 無善無惡); "그러므로 죄와 복은 본래 공(空)하며 인과는 실재가 아니다. 사람마다 본래 갖추어져 있고 모두가 원만하다. 불성(佛性) 법신(法身)은 그림자 같아서 때로는 숨고 때로는 나타나며 걸림 없이 자유롭다."(故知罪福本空, 畢竟因果非實. 人之本具, 個個圓成. 佛性法

身, 如形如影, 隨隱隨現, 不卽不離) 고 했다.

이는 인간에게 본래 선도 악도 없으며 복과 죄 사이의 경계가 존재하지 않는다는 의미다. 모든 인간은 누구나 불성을 가지고 있다. 이 이론은 모든 사람이 부처가 될 수 있음을 증명한다. 부처와 중생의 차이는 단지 깨달음의 유무에 달려 있을 뿐이다.

그는 또 이렇게 말했다. "사람이 본래를 잊으니 내가 부처를 찾는다; 골짜기에 이르러야 부처가 나임을 아네."(『거진락도(居塵樂道)』 제5회) "공명을 탐하고 인아(人我)에 갇히면 실로 범부요; 도덕에 취하고 몸과 마음을 옮기면 성스러운 지혜를 이루리라. 옆으로 누운 눈썹, 뾰족한 코, 모습은 같아 보이나; 성스러운 얼굴과 속세의 마음, 실로 수만 리 차이로다."(『거진락도(居塵樂道)』 제10회).

쩐년똥이 언급한 '본래를 잊음', '공명을 탐함', '인아에 갇힘'이라는 명제는 바로 망념을 의미하므로 '실로 범부'라고 불리는 것이다. 사람들이 도덕을 추구하고 깨달은 자의 지혜로운 경지에 이르면 부처와 나는 하나로 합일될 수 있다.

쩐년똥은 일찍이 제자들에게 다음과 같이 말했다. "콧구멍은 얼굴 아래로 곧게 뻗어 있고, 눈썹은 눈구멍 위로 가로질러 있는데, 어찌 쉽게 찾을 수 있겠는가? 그러니 보이지 않는 도를 찾아라. 삼천 법문이 모두 일념으로 돌아간다. 수많은 묘용이 모두 마음의 근원에 있다. 이른바 계문(戒門), 정문(定門), 혜문(慧門)은 너희에게 부족함이 없다. 그러니 돌아가 스스로 생각하라. 무릇 헛기침 소리, 눈썹 치켜 올리고 눈 깜빡이는 것, 손으로 잡고 발로 걷는 것, 이것은 어떤 본성인가? 그 본성을 알면 어떤 마음인가. 마음의 본성이 명확하게 통하면, 무엇이 옳고 무엇이 옳지 않은가. 법은 곧 본성이요, 부처는 곧 마음이다. 어떤 본성이 법이 아니겠는가? 어떤 본성이 부처가 아니겠는가? 즉심즉불(卽心卽佛), 즉심즉법(卽心卽法), 법은 본래 법이 아니다. 즉법즉심(卽法卽心), 마음은 본래 마음이 아니다, 즉심즉불(卽心卽佛)."

그는 마음의 작용을 무한대로 확장하여 모든 사물이 인간의 주관적 의식과 같다고 생각했다. 바로 그렇기 때문에 부처는 멀리 떨어진 곳에 있는 것이 아니라 모든 사람의 마음속에 바로 있다. 마음이 깨닫지 못하면 평생 경전을 외우고 부처를 섬겨도 정과(正果)를 이룰 수 없다.

쩐년똥에게 부처가 되는 현실적인 길은 모든 사람 속에 있는 본성의 깨달음이며, 마음속의 내면을 추구할 것을 강조한다. 그는 이렇게 확언했다. "부처는 집 안에 있으니 멀리서 찾을 필요가 없다."(『거진락도(居塵樂道)』 제5회), "정토는 마음이 깨끗함이니, 서방에 물을 필요가 없다. 아미타불은 밝은 본성이니, 극락을 힘들게 찾을 필요가 없다."(『거진락도(居塵樂道)』 제2회), "진여를 알고 반야를 믿으니, 서동의 부치님 조상들을 찾을 필요 없다. 실상을 증득하고 무위에 이르니, 남북의 선 경전을 힘들게 물을 필요가 없다."(『거진락도(居塵樂道)』 제4회).

쩐년똥은 불성이 바로 자신의 마음속에 있다고 확언하며, 외부를 향해 추구할 필요가 없다고 했다. 반야(般若)의 지혜는 모든 주체에게 본래 있는 것이며 이 본성을 깨달으면 즉시 부처가 되고 이 본성을 깨닫지 못하면 즉시 중생이 된다. 미혹에서 깨달음으로 넘어가는 것은 전적으로 자신에게 달려 있다. 중생이든 부처든 단지 주체의 다른 경지일 뿐이며 부처라는 이름으로 다른 주체가 있는 것이 아니다. 동시에 망념과 번뇌, 해탈은 같은 주체의 다른 활동일 뿐이며, 이 번뇌 주체에서 벗어나 다른 보리로 넘어가는 것이 아니다.

일부 학자들은 토착화라는 개념을 사용하여 쩐년똥과 쭉럼 선종이 남종선을 계승, 발전시키고 쭉럼선을 통해 베트남 민족의 삶의 현실을 전반적으로 반영했으며 베트남 땅에서 비롯된 사회적, 인간적 문제에 대한 해답을 쭉럼선을 통해 제시했다는 평가를 내리고 있다. 우리는 토착화 개념 사용에 전적으로 동의한다. 하지만 이 글에서는 토착화 대신 베트남화라는 개념을 사용했다. 주로 쭉럼 선종과 쩐년똥의 선학 사상에서 문화권적 특성보다는 민족적 특성을 강조하기 위함이다.

쭉럼 선종과 중국 남종선 사이의 첫 번째이자 가장 쉽게 알아볼 수 있는 차이점은 바로 그 창시자에게 있다. 쩐년똥은 불자가 되기 전에 황제였으며 쭉럼 두타가 되기 전에 베트남의 임금이었다. 쩐년똥은 『대월사기전서』에서 베트남 역사상 현명한 임금 가운데 한 명 또는 '쩐 왕조의 현명한 임금'으로 칭송되는 황제였다. 재위 기간 동안 그는 몽골-원 침략군과의 두 차례 전쟁(1285년과 1287년)에서 백성을 이끌고 나라를 지켰다.

박당(Bạch Đằng)의 결정적인 전투에서 승리한 후, 아버지인 쩐타이똥(Trần Thái Tông)의 능묘 앞에서 적군이 파괴하여 더럽혀진 능묘 앞 석마들을 보면서 쩐년똥은 다음과 같은 유명한 두 구절의 시를 읊었다. "사직이 두 번이나 석마를 수고롭게 하였네. 강산은 천년동안 금구(金甌)처럼 굳건하리(社稷兩回勞石馬 山河千古奠金甌)."

「득취림천성도가(得趣林泉成道歌)」에서 그는 애국심, 즉 '삼유(三有)'와 '사은(四恩)'을 긴밀하게 연결하는 관념을 매우 명확하게 제시했다. "경전을 외우고 부처를 염하며, 성인께 축원하고 간절히 기도하며, 삼유와 사은을, 내가 모두 보답받기를 원하노라." 삼유는 욕유(欲有), 색유(色有), 무색유(無色有)며 이는 바로 삼계를 말한다. 사은은 부모, 중생, 국가, 그리고 삼보이다. 즉 부모를 효양하고 중생을 널리 구제하며 국가를 보호하고, 삼보를 공경하는 것이다. 성엄법사(聖嚴法師)도

『증일아함경(增壹阿含經)』에 나오는 사은에 주목하면서 불교가 출세간적 수행에 머물지 않고 나라와 조국을 지키는 도덕적 의무를 지닌다고 주장했다.

쩐년똥의 선(禪)은 삶에서 벗어난 것이 아니라 오히려 늘 삶의 숨결로 가득했으며 삶과 인간의 행복에 대한 고민에서 비롯되었음을 알 수 있다. 고통의 바다와 같은 삶이 곧 봄과 다르지 않고 그 봄을 헛되이 보내지 않도록 살아가야 했던 것이다.

3. 봉건 시대 유교의 '베트남화' 과정

유교는 약 2000년 동안 베트남에 이어져 내려왔다. 외래 사상으로서 유교는 점차 베트남 민족의 사상 체계 속에 뿌리내리고 베트남 문화 발전에 기여하며 함께 발전했다. 베트남에서는 오래전부터 유교가 더 이상 중국의 유교가 아닌 무엇보다 베트남 유교였다. 15세기 베트남 유교의 눈부신 발전과 그 이후 세기들의 정통화와 동시에 다양화되는 과정이 이를 증명한다.

유교 이념은 베트남 봉건 국가의 대표적인 이념이었다. 유교의 과거 시험 제도는 거의 유일한 관리 공급원이었으며, 특히 18세기 이후의 관료 시스템은 중국 유교 통치 시스템과 매우 유사했다. 사회 규범과 도덕의 건설 및 유지는 주로 유학자들의 손에 맡겨졌다. 바로 그렇기 때문에 15세기 이후의 유학자들은 정신적인 길잡이가 되었는데 궁정뿐만 아니라 베트남의 모든 마을에 퍼져 나갔다. 유교는 단순한 차용이 아니라 베트남 문화에 깊이 스며들었고, 심지어 서양 선교사들이 라틴계 문자를 가져오기 전에 베트남의 공식 문자 또한 '유교 문자'라 불렸다.

　문화 변용은 표면뿐만 아니라 두 문화 모델의 구조와 내적 의미도 변화시킨다. 10세기 이후부터는 베트남 문화뿐만 아니라 외래 문화 모델로서 유교도 크게 변화했다. 중국에서 유교는 단순한 정치-사회 학설에 머무르지 않고 문화 학설인 동시에 더 나아가서는 인문주의였다. 어떤 학자는 유교 전체를 다섯 가지 비전으로 나눈다. 즉, 시학(詩學), 정치, 사회, 역사, 그리고 형이상학이다. 시기마다 이러한 요소들은 두드러지거나 희미해지기도 한다. 그러나 이 다섯 가지 요소 중 어느 하나도 자신의 중요한 역할을 잃은 적은 없다.

　그런데 베트남에서는 전혀 그렇지 않다. 그 다섯 가지 비전 체계가 중국에서는 매우 정확했으나 베트남 유교를 설명하는 데는 이를 적용하기 어렵다. 그리고 바로 이것이 베트남 유교와 중국 유교와의 차이를 만드는 기본적인 원인 중 하나다. 비록 그 다섯 가지 요소가 모두 베트남에 존재하기는 했지만 그 수준이 균일하지 않았으므로 같은 시스템으로 분류될 수 없었다. 다소 억지스럽게 말하자면, 그 다섯 가지 요소 중에서 대부분의 베트남 유학자들은 주로 정치와 도덕이라는 두 가지 요소에만 집중했으며 그중에서도 정치적 요소가 주를 이루었다.

　쩐딘흐어우(Trần Đình Hượu) 교수는 자신의 저서에 다음과 같이 썼다. "베트남에서도, 중국에서도 그리고 일반적으로는 중국 문화권 전체, 조선에서도 유교는 정통 이념으로 여겨졌다." 이는 전적으로 정확하지만 베트남에서는 이념적인 부분이 유교의 핵심 부분일 뿐이었다. 도덕, 미학, 문화 등에 속하는 모든 문제는 정통 이념이라는 하나의 공통된 기준에 귀결되며 유교에 속하는 다른 정신 활동은 모두 이 목적을 달성하기 위한 것이다. 베트남인들은 유교를 수용하면서도 전체가 아닌 민족의 시급한 요구를 충족시킬 수 있는 것만 받아들였다.

1) 베트남에 전해진 유교는 어떤 유교인가?

송유학(宋儒學)은 양한경학(兩漢經學), 위진현학(魏晉玄學), 수당불학(隋唐佛學)과 함께 중국 철학 사상의 정점이다. 송유학에서 가장 중요한 철학적 문제는 '성(性)과 천도(天道)'의 문제이며, 이 문제는 정치, 교육, 도덕, 종교 등 다양한 주제와 관련되어 있다. 성(性)은 인간의 본성을 가리키지만, 유학자들은 사물의 본성(물성)에 대해서도 이야기했다. 천도(天道)는 이치 또는 천리를 의미한다. 성과 천도는 공자의 제자 자공(子貢)도 이해할 수 없었던 심오한 철학적 문제였고 유학자들이 관심을 가지고 자주 논의한 문제였다.

『중용(中庸)』은 첫 페이지에서부터 "천명지위성 솔성지위도 수도지위교(天命之謂性 率性之謂道 修道之謂敎)"라고 말하며 성(性), 도(道), 교(敎)라는 세 가지 큰 문제를 제시한다. 유학자들은 『중용』을 숭상하고 이 세 가지를 탐구했다.

또한 『역경(易經)』의 건괘(乾卦) 상전(象傳)에는 다음과 같이 쓰여 있다. "대재건원 만물자시 내통천(大哉乾元 萬物資始 乃統天)"; "건도변화 각정성명 보합태화 내이정(乾道變化 各正性命 保合太和 乃利貞)." 이로부터 '성(性)과 천도(天道)' 문제가 도출된다. 유학자들은 역을 매우 중요하게 여기고 『역경』에 의하여 '성(性)과 천도(天道)'를 연구했다. 바로 그렇기 때문에 송유학은 경학(經學), 불학(佛學), 도교(道敎)의 결합을 기반으로 탄생하고 발전했다고 하는 것이다.

유교 사상을 주체로 삼고 동시에 불학과 도교 사상을 흡수하는 것은 송유학의 특징이다. 유학은 북송 시대에 시작되어 남송 시대에 발전을 거쳤다. 원 시대에는 주희(朱熹)와 육구연(陸九淵) 학파의 합류가 있었고 명 시대에는 더욱 새로운 발전을 이루다가 청 시대 이전에 쇠퇴했다. 바로 이러한 이유 때문에 중국에서는 연구자들이 '송명리학'이라 부른다.

송유학은 당시의 주된 사상이었으며 사회에 넓고 깊은 영향을 미쳤다. '천리양심(天理良心)', '성심성의(誠心誠意)', '함양공부(涵養工夫)' 등 일련의 명제들이 시대의 주제나 기준이 되었다. 그러나 송유학의 많은 문제들이 현대 학자들의 비판의 대상이 되었다. 특히 여성과 청년에 관한 문제로, 예를 들어 여성을 향한 정렬(貞烈)의 요구라든가 아버지와 형제에게 순종해야 한다는 요구 등이 대표적이다.

유학은 봉건 사회의 지배 사상이었다. 정치적 작용의 관점에서 볼 때, 유학 사상은 그러한 사회 체제의 존재를 강화하고 지지하는 것이었다. 예를 들어 주돈이(周敦頤)의 유학 사상, 그의 우주론은 봉건 질서와 봉건 도덕이 천리의 보편적인 정당성과 일치함을 증명하고 봉건 사상의 '지존(至尊)', '지귀(至貴)'함을 증명하는 것이었다.

비록 다양한 유학 체계가 있었지만, 베트남인들이 주로 수용한 송유학도 베트남에서는 분파가 형성될 정도로 발전하지 않았다. 조선에서는 송유학의 다양한 학파가 등장하여 기불멸론(氣不滅論)을 주장하는 학파도 있었고, 사단칠정이기지쟁(四端七情理氣之爭)과 같은 논쟁도 있었으며, 사단(四端)은 이(理)에서 나오고, 칠정(七情)은 기(氣)에서 나온다는 견해도 있었다. 일본에서는 이기합일(理氣合一)을 주장하는 학파도 있었고, 이(理)가 기(氣)보다 먼저라고 주장하는 학파도 있었으며, 이기를 이원론으로 인정하는 학파도 있었다. 그렇지만 베트남에서는 그러한 현상이 없었다. 아마도 베트남인의 사고방식에는 추상적이고 이론적인 문제에 깊이 들어가는 습관이 없었기 때문일 것이다.

베트남에서는 주희보다 이정(二程)의 역할이 더 컸다. 베트남인들은 유교를 '공문정원(孔門程院)'의 도라고 부르며, 16세기 베트남 최대의 유학자 응웬빈키엠(Nguyễn Bỉnh Khiêm)을 정원(程元)이라고 불렀다. 중국의 한 역사학자도 다음과 같이 말했다. "안남 유학은 정원에서 비롯되었다." 이러한 판단에는 그 이유가 있다. 베트남인들은 이정(二程)이 기초를 닦은 '이(理)', '천리(天理)' 개념에 대해서는 많이 이야기하지만, 주희가 자주 언급했던 '이-기(理-氣)' 관계에 대해서는 거의 이야기하지 않았다.

2) 중국 유교의 요소 및 구조의 '베트남화'

베트남 유학자들이 언급하는 많은 내용은 형식적으로는 중국 유교와 유사하지만 시간적으로는 치이가 있다. 역학(易學)에 대한 관심이 전형적인 현상이다.

송유학자들은 유교 경전, 특히 역(易)의 연구를 매우 중요하게 여겼으며, 주로 역전(易傳)을 연구했다. 주돈이(周敦頤), 장재(張載), 정이(程頤), 주희(朱熹) 모두 역(易)을 연구했다.

유교 경전 중에서 가장 많이 주석된 것은 바로 『사서(四書)』이다. 이정(二程)이 '사서'를 제창하고 주희가 『사서집주(四書集註)』, 『사서혹문(四書或問)』을 쓴 이후로 『사서』는 『오경(五經)』보다 더 중요한 지위를 차지하게 되었다.

유학자들은 유교 경전에 주석을 달아 그것을 유학의 궤도로 가져왔다. 그들의 방식은 유학의 관점으로 주석을 달고 유학자들의 사상과 말을 인용하여 주석을 다는 것이었다. 주희의 『사서집주』는 모두 이러한 방식으로 이루어졌다. 예를 들어 『논어집주(論語集註)』에는 주희 본인의 주석 외에 인용된 주석의 대부분이 이정(二程)이나 그 제자들의 말이었다. 첫 번째 권의 첫 장인 「이학(理學)」은 16개 장으로 구성되어 있으며, 13곳에서 이정(二程)의 말을 인용했다. 이러한 방식의 결과는 『논어』를 정주학(程朱學)의 유학 궤도로 가져오고 한당 시대의 『논어』 주석을 완전히 대체했다. 이는 매우 중요한 특징으로 주목할 필요가 있다.

주희는 『논어』에 주석을 달 때 특히 의리에 관심을 기울였고 훈고(訓詁)를 중시하지 않았으며 한유학(漢儒學)의 경전 주석 전통을 버리고 송유학의 경전 해설 방식을 더욱 발전시켰다. 이 또한 주목해야 할 점이다.

베트남의 후 레(Lê) 왕조 시대에는 많은 베트남 유학자들이 유교 사상 측면을 집중적으로 탐구했다. 그들에게 오경(五經)은 사서(四書)만큼이나 중요했다. 아직 많지는 않았지만 그들 역시 역학(易學)에 집중했다. 중국의 경우 송(宋) 이후로는 이전 시대보다 역학에 관한 서적이 훨씬 적었던 것과는 대조적이다.

베트남 유학자들도 중국 유학자들과 마찬가지로 역학에 관심을 가졌으나 그 시기는 완전히 다르다. 이는 베트남 유학자들이 역학을 중시한 것이 중국 유교의 압력이나 중국과의 학술 교류 때문이 아니라 베트남 유교의 내재적 필요성과 베트남의 학술적 실천 요구 때문이었음을 반증한다. 이러한 특징은 베트남 유교의 형이상학이 어떠했는지 살펴보면 비교적 명확해진다. 나는 레뀌돈(Lê Quý Đôn)의 예를 통해 그가 자신의 저서에서 왜 형이상학적 문제에 집중했는지 더 자세히 설명하고자 한다.

여기서 덧붙여 말할 필요가 있다. 유교 사당인 문묘에서 공자가 '만세사표(萬世師表)'로 봉해져 문묘에 주사(主祀)되었을 뿐만 아니라 탕

문묘 공자상(좌): 한국과 달리 하노이 문묘에는 위패가 아닌 공자의 상을 조성하여 모시고 있다. **문묘 증자 맹자상(우)**: 공자상의 오른편으로 증자와 맹자의 상이 모셔져 있다.

롱 하노이(Thăng Long Hà Nội) 문묘에는 한 명 이상의 베트남인이 배향되었는데, 첫번째로 추반안(Chu Văn An)이 그 인물이다. 1370년, 추반안은 사망 후 '문정공(文貞公)'으로 추중되고 문묘에 배향되었다'고 한다. 불과 1년 후, 쩐응에똥(Trần Nghệ Tông)은 쯔엉한시에우(Trương Hán Siêu)를 '공자묘에 배향'하도록 명했다. 9년 후, 쩐페데(Trần Phế Đế) 시대에 도뜨빈(Đỗ Tử Bình)도 문묘에 배향되었다. 이는 베트남 유교의 위상을 확증하는 것이기도 하다.

베트남 유교의 주제는 중국 유교의 주제와 유사하기는 하지만, 중국 유교의 모든 주제를 베트남 유교가 다루는 것은 아니다. 매우 많은 유교 개념 중에서 베트남 유학자들은 일부 핵심 개념만을 선택하여 그것들을 중국 유교 개념과 다른 체계에 편입시켰다.

중국 유학은 본체론, 우주론, 정치사회관, 인생관, 그리고 부분적으로는 인식론까지 포괄하지만, 베트남 유학은 인생관과 정치사회관에 더 많은 관심을 가졌다. 기본적으로 베트남 유학자들은 인생관과 도덕

문묘 안자 자사상(좌): 공자상의 왼편으로 안자와 자사의 상이 모셔져 있다. 상의 모습들이 조금씩 다르다. **문묘 추반안 상(우)**: 추반안(Chu Văn An, 朱文安, 1292-1370)은 국자감 사업을 지낸 인물로 수많은 인재를 양성하였다. 쩐주똥(Trần Dụ Tông, 陳裕宗, 재위 1341-1369) 시기에 7명의 간신에 대한 처형을 상소하는 「칠참소(七斬疏)」를 올리기도 했다.

을 다루는 유교 경전에 더 깊은 관심을 가졌다. 이러한 경향은 사서나 효경 등의 경서에 더 관심을 갖게 만들었고, 세계, 사회 등의 문제를 다루는 역경과 춘추 등의 경서에는 덜 주목하게 했다. 관심의 시기도 달랐다. 사서(四書)는 14세기부터 이미 강론되고 있었다. 추반안(Chu Văn An)은 이 시기에 『사서술약(四書術約)』이라는 책을 썼고 역경(易經), 춘추(春秋)에 대해서는 18세기에 이르러서야 논의되었다. 18세기에 이르러 레뀌돈(Lê Quý Đôn)의 『역경부설(易經敷說)』, 응웬냐(Nguyễn Nhạ)의 『역의존의(易義存疑)』, 응오티념(Ngô Thì Nhậm)의 『춘추관견(春秋管見)』 등이 등장했다. 이러한 지연은 아마도 대중의 요구 때문일 것이다. 대중은 자신들의 일상생활과 더 가깝고 더 실용적인 것을 알고 싶어 했다.

3) 베트남 유교와 중국 유교의 핵심 개념 이해 방식의 차이점

겉으로 보기에 베트남 유교는 중국 유교와 크게 다르지 않다. 기본

하노이 문묘 규문각(위): 하노이 문묘에 있는 규문각은 하노이시의 상징물이기도 하다. **하노이 문묘 비각(아래)**: 베트남 역사상 유학의 전성기를 이끈 레타인통(Lê Thánh Tông, 黎聖宗, 재위 1460–1427)의 명에 따라 1442년부터 330여 년간 과거 진사 급제자의 이름을 새긴 진사제명비(進士題名碑).

하노이 국자감 앞 졸업사진: 졸업을 앞둔 5~6월이 되면 문묘와 국자감에는 베트남 대학생들의 단체 기념사진 촬영으로 입추의 여지가 없다. 대학 입학을 앞둔 수험생들도 문묘를 찾아 기원한다.

적인 신조도 비슷하고, 문묘에서의 제사 방식도 유사하며, 과거시험 학습 방식도 같다. 응웬짜이(Nguyễn Trãi)가 말했듯이 "사람에게는 남북이 있어도 도는 다르지 않다"고 이해할 수 있다. 그러나 현실은 그렇게 단순하지 않았다.

베트남 사회의 실질적인 목적을 달성하기 위해 유교는 중국 유교와 비교하여 상대적으로 독립적인 베트남 학설이 되도록 많은 변화를 겪었다. 두 학설 사이에 나타나는 가장 쉽게 알아볼 수 있는 차이점은 핵심적 유교 개념에 대한 이해 방식의 차이다. 다시 말해, 베트남 유교의 개념은 중국 유교의 개념과 다른 내포적 의미를 가지는데, 예를 들어 충(忠), 효(孝)와 같은 개념들이 그렇다. 또는 베트남 유교에서는 매우 높이 평가되지만 중국 유교에서는 중요하게 다루지 않는 개념들도 있고, 그 반대의 경우도 있다.

충(忠)은 유교 사상의 핵심 중 하나로, 본래 사람이 전심전력을 다하고 성실하고 충직하게 자신의 본분을 다하는 것을 말한다. 충이라는 글자에는 다양한 차원이 있는데 신의를 지키고 이기적이지 않은 것부터 타인에게 충실하고 국가에 충성하며 왕에게 충성하는 것 등이다. 전제군주제가 형성되고 강화되면서 충이라는 글자는 특히 신하가 군주와 국가에 복종해야 하는 행위 규범이자 도덕적 기준을 가리키는 데 사용되었다. 10세기 이후 중국에서 충은 일정 수준에서 신하가 군주에게 절대적으로 복종해야 하는 편협한 도덕적 의무로 발전했다. 그러나 베트남에서는 충의 관념이 송유학의 관념처럼 극단적이지 않았다. 특히 왕과 백성 사이의 관계에서 백성의 역할은 항상 높이 평가되었다. 천명을 민의와 연결시키고 왕이 백성을 사랑할 책임이 있다는 관념은 베트남의 많은 봉건 왕조에서 관철되었다. 예를 들어 막당중(Mạc Đăng Dung)은 다음과 같이 매우 명확하게 표현했다. "하늘이 왕을 세운 것은 백성을 위함이며, 왕이 하늘의 명을 받는 것은 백성을 사랑하기 위함이다."

유교 정치 문화에서는 민의에서 정치권력으로 직접적인 이행이 없었다. 왜냐하면 전통적인 유교 정치 관념은 황제의 권력(하늘이 부여한 권한)과 관료 체제(주로 과거시험을 통해)의 결합이었기 때문이다. 권력 분할은 독재 기구에서 논의되지 않는 것 같았다. 모든 왕조는 '결당(結黨)'을 두려워하고 철저히 막았는데 이는 혼란을 야기하고 왕위를 찬탈하는 용서할 수 없는 죄악으로 여긴 탓이다.

레러이(Lê Lợi)가 타익럼(Thạch Lâm) 주에 이르렀을 때, 동굴 앞에서 다음과 같은 시를 썼다. "천지불용간당재 고금수사반신주(天地不容奸黨在 古今誰捨叛臣誅) 하늘과 땅은 간악한 당파를 용납하지 않으니 예로부터 누가 반역한 신하를 죽이지 않았겠는가!". 유교는 왕과 관료 체제의 권력을 유지하기 위한 주된 이념이 되었으므로, 민의를 표현하고 시행하는 것도 이러한 목적을 위한 것이었다.

충(忠)에 대한 관념은 레뀌돈(Lê Quý Đôn)에게서도 명확하게 나타난다. 베트남에서 막(Mạc) 왕조가 레(Lê) 왕조의 왕위를 찬탈하고 충군(忠君)의 도통을 전복시킨 사건은 유학자들에게 큰 영향을 미쳤다. 당응와이(Đàng Ngoài)에서 찐(Trịnh) 가문이 막(Mạc) 가문을 물리치고 레(Lê) 왕조에 왕위를 돌려주자 '충(忠)' 문제는 해결된 것처럼 보였다. 레(Lê) 왕을 지존(至尊)의 위치로 되돌린 것은 형식적이었고 명목상으로는 정통 유학자들의 염원을 달성하여 도통의 존엄성을 재확립한 의미가 있었다. 그러나 이것은 순전히 형식적인 조처에 불과했다. 왕조는 재건되었지만 권력은 회복되지 않았다. 실제로 권력을 쥔 것은 찐(Trịnh) 가문이었다. 게다가 당쫑(Đàng Trong)에 이르러서는 응웬(Nguyễn) 가문 역시 레(Lê) 황제의 연호를 사용했음에도 찐(Trịnh) 가문보다 훨씬 더 많은 자율적 실권을 가지고 있었다.

베트남의 정치 현실과 일반적인 유교 정치 체제에서 이처럼 복잡한 교차 정치 체제는 나타난 적이 없었다. 두 세기 동안 베트남은 왕과 군주가 병행하는 특수한 정치 체제를 유지했다. 실제 권력은 당응와이(Đàng Ngoài)의 찐(Trịnh) 가문과 당쫑(Đàng Trong)의 응웬(Nguyễn) 가문의 손에 있었다. 하지만 명목상으로는 찐(Trịnh)과 응웬(Nguyễn) 정치 집단 모두 레(Lê) 왕조의 왕을 숭배했다. 이러한 복잡한 역사적 현실은 유교의 정통 관점으로는 설명 내지 변호나 반박이 어렵다. 더구나 이 특수한 역사적 현상은 비교하거나 참고할 전례가 없었다.

이러한 현실 앞에서 지식인으로서, 그리고 조정 관리로서 레뀌돈(Lê

Quý Đôn)은 충군(忠君) 사상을 철저히 해결해야 했다. 곧 그는 자신의 관념과 행동에서 일관성을 유지해야 했다는 말이다. 예컨대, 누구에게 충성하며 충성의 궁극적인 목적이 무엇인가에 대해 명확하게 짚고 넘어가야 했다. 전통적 유교 관념에 따르면 레뀌돈은 당연히 왕에게 충성을 해야 했는데 여기서는 레왕조의 왕을 의미했다. '충신불사이군(忠臣不事二君)'은 공식이 되었을 뿐만 아니라, 더 나아가 유학자들의 삶의 법칙이 되었다. 더불어 이는 봉건 사회에서 모든 신하의 품격을 결정하는 기준으로 여겼다. 심지어 충(忠)은 효(孝)보다도 우선시되었다.

유학자로서, 그것도 탁월한 유학자로서 레뀌돈은 이를 모를 리 없었고 오히려 누구보다도 이를 깊이 이해하고 있었다. 그는 자신의 저서를 통해 충(忠)이라는 글자에 대한 독특한 견해를 제시한 것에 머무르지 않고 자신의 삶 자체로 이를 증명했다.

레(Lê) 왕과 찐(Trịnh) 군주 사이의 관계에서 의심할 여지없이 레뀌돈은 찐(Trịnh) 군주 쪽으로 완전히 기울어져 있었다. 그가 군주에게 헌신적으로 봉사하고 찐(Trịnh) 군주가 그의 노고에 보상한 것을 보면, 어떤 면에서는 그가 찐(Trịnh) 군주에게 충성했다고 말해도 틀리지 않을 것이다. 분명히 레(Lê) 왕은 그의 충성의 대상이 아니었다. 이때의 레(Lê) 왕은 형식적으로만 존재할 뿐 실질적으로는 아니었고, 기본적으로 레(Lê) 왕조는 더 이상 회복될 수도 없었다. 17세기 이후의 레(Lê) 왕들은 인격적으로나 학문적으로나 성숙하지 못했으며 능력도 없는 사람들이었다. 그들은 베트남 민족 전체의 가장 큰 염원인 통일, 독립, 평화를 실현할 수 있는 사람들이 아니었다. 17세기와 18세기 내내 이어진 분열과 고통의 시기를 보면 우리는 이러한 시급한 염원과 요구를 더욱 깊이 이해할 수 있다.

바로 그렇기 때문에 레뀌돈(Lê Quý Đôn)에게 레(Lê) 왕의 '명분(名)'과 '실질(實)' 관계에서 레(Lê) 왕은 명분만 있고 실질은 없었다. 그에게 진정한 왕은 '내성외왕(內聖外王)'을 모두 갖춘 사람이어야 했다. 그는 '옛 성인(古之聖人)' 개념을 사용하여 왕의 기준을 설명했다.

레뀌돈은 자신의 과거 시험 답안에서 왕이 천하를 다스리는 도는 국가를 관리하고 백관을 통솔하며 백성을 보호하는 규범이라고 명확하게 썼다. 모든 사람을 균형 있게 만드는 것은 매우 위대한 일인데 천하의 일을 운용하는 자가 어찌 그에 대한 마음을 쓰지 않을 수 있겠는가? 천하의 큰 근본은 바로 인정(人情)의 합쳐짐과 흩어짐에 있다. 인정이 흩어지면 비록 한 집안의 친척이라도 억지로 함께할 수 없고 인정이 합쳐지면 비록 사해(四海) 밖이라도 다르지 않을 것이다. 유창하고 아름다운 문체 때문만이 아니라, 이러한 설명과 함께 당시 국가 상황에 대한 정확한 인식과 방책이 27세의 젊은 레뀌돈을 레히엔똥(Lê Hiến Tông) 황제가 직접 출제한 과거시험에서 8명의 합격자 중 수석 합격자(榜眼)로 만들었다.

당시 사회적 배경은 레뀌돈이 근심과 걱정을 피할 수 없게 만들었다. 그는 때때로 한탄하며 말했다. "인심은 정해지지 않고, 세상은 끝없이 변한다"(人心無定 世變無窮). 그 이유는 다음과 같다. "사람은 저마다 타고난 기질이 다르며, 어떤 사람은 선량하고, 어떤 사람은 흉악하다. 요순(堯舜)처럼 인자해도 모든 사람의 염원을 만족시킬 수는 없었다. 하물며 천명은 늘 변하고, 홍수가 끝나면 가뭄이 오고, 가는 곳마다 굶어 죽는 이들만 있을 뿐이다." 분명 그는 당시의 사회 현실에 불만을 품고 있었고, 찐(Trịnh) 가문이 그 상황을 바꿀 수 있기를 염원했다.

레뀌돈은 관직에 나아가기를 갈망했고 찐(Trịnh) 군주의 신임을 얻는 동시에 찐(Trịnh) 군주에 의지하여 사회를 재건하기를 원했다. 목적을 고려하지 않고 이 일의 결과만을 본다면 어떤 사람이 이를 '위대한 꿈'이라고 해도 이해할 수 있을 것이다. 공자는 이렇게 말했다. "그 자리에 있지 않으면 그 정사를 도모하지 말라."(不在其位不謀其政) 분명히 찐(Trịnh) 군주는 '그 자리에 있지 않음'에도 '그 정사를 도모'한 데다 실제로 정사를 시행하고 국가를 다스렸다.

찐(Trịnh) 가문이 레(Lê) 가문과 병존한 것은 잠정적으로 '양두체제(兩頭體制)'라 부를 수 있는 특수한 정치 체제를 만들어냈다. 일부 역사학자들은 송유학의 순수한 충군(忠君) 관점에서 찐(Trịnh) 가문을 비판하고 나아가 레뀌돈을 간접적으로 비판한다. 그러나 더욱 인문주의적인 시각으로 본다면 우리는 찐(Trịnh) 가문이 국가에 공헌한 바를 알수 있다.

여기서 레뀌돈이 따랐던 찐(Trịnh) 가문은 실제로 뛰어난 점이 있었음에 주목할 필요가 있다. 대부분의 찐(Trịnh) 군주들은 자존심이 강하고 재능이 있었고 특히 국가에 공헌한 사람들이었다. 그들은 유교 사회를 보호하고 외부적으로는 중국과 원만한 관계를 유지하고, 내부적으로는 조정 관리에 비교적 개방적이었다. 예를 들어 찐(Trịnh) 가문은 형제 서열을 크게 중요하게 여기지 않았다. 특히 인재를 선발하여 국가를 다스릴 때 찐(Trịnh) 군주들은 모두 재능과 덕행에 따라 선택하였고 가문의 장유(長幼) 기준에 의존하지 않았다.

찐깐(Trịnh Căn), 찐조아인(Trịnh Doanh), 찐섬(Trịnh Sâm) 등다섯 세대의 찐(Trịnh) 군주들은 무공으로 명성을 떨쳤다. 또한 그들은 학문 분야에서도 뛰어난 인재였다. 찐끼엠(Trịnh Kiểm)부터 찐깐(Trịnh Căn)까지 다섯 세대의 찐(Trịnh) 군주들은 당시로서는 비교적 장수했으며(68세에서 81세까지) 대부분 진지하고 덕망 있는 인물들이었다. 황쑤언한(Hoàng Xuân Hãn)은 '찐 군주들의 기원과 찐끼엠의 한시'에서 매우 적절한 평가를 내렸다. "오늘날 우리는 묘지 덕분에 찐(Trịnh) 가문이 240년 동안 베트남 북부를 지배하고 10여 세대에 걸쳐 전승되었다고 믿지 않는다. 그러나 유교가 깊이 스며든 사회에서 유학자들이 늘 충군(忠君)을 최우선으로 여겼는데, 레(Lê) 왕은 허위적인 지위만 가지고 있었고, 신하인 찐(Trịnh) 군주가 모든 권력을 장악했다는 사실은 놀랍다. 이것을 보면 찐끼엠의 강인한 의지와 웅대한 기상이 우리나라 정치 분야의 윤리적 관점을 오랫동안 무너뜨렸음을 알 수 있다."

황쑤언한(Hoàng Xuân Hãn)이 '윤리적 관점'이라고 부른 것은 바로 유학자들의 고루한 충군(忠君) 관념이다. 다시 말해, 레뀌돈(Lê Quý Đôn) 시대에는 현실적으로 충군(忠君)이 이전과는 다른 내용을 가졌지만 이론적으로는 충군(忠君) 개념이 아직 새로운 내포적 의미를 갖지 못했다. 바로 그렇기 때문에 레뀌돈은 '충(忠)' 문제를 정치적 행위의 원칙을 제시하기 위해서뿐만 아니라, 내면의 요구를 해결하기 위해서도 다루었다.

『운대류어(雲臺類語)』에서 레뀌돈(Lê Quý Đôn)이 형이상학 분야에서 이기(理氣)의 중요성을 부각시키기 위해 첫 장에 '이기(理氣)'를 배치했다면, 유교의 원리를 총괄하고 정리한 『성모현범록(聖模賢範錄)』에서는 '충(忠)'과 '효(孝)'도 인간 생활 분야에서 중요한 위치를 확립하기 위해 최우선 순위에 놓았다.

『성모현범록』의 첫 장은 '성충(成忠)'이고 둘 째 장은 '입효(立孝)'다. '성충'장에서 레뀌돈은 '일심(一心)', '수절(守節)', '진심진력(盡心盡

力)', '충신불사이군(忠臣不事二君)', '충군애국(忠君愛國)' 등과 같은 기본 원칙들을 설명하고 확립하고 있다.

충(忠)의 도는 왕과 신하 사이의 관계에서만 표현되는 것이 아니다. 다시 말해, 충은 단순히 왕에 대한 신하의 의무, 책임, 도덕적 원칙만이 아니다. 레뀌돈은 이 문제를 설명하면서 충 개념에 더 넓고 깊은 의미를 부여했다. 충 개념의 또 다른 내용은 국가에 전심전력을 다해 헌신하고 백성의 이익을 위해 자신의 삶까지 희생할 수 있다는 것이다.

이러한 측면에서 보면 왕만이 충의 대상이 아니다. 오히려 충은 국가와 백성에 대한 충성이며 신하의 궁극적인 목적은 백민을 섬기는 것이 된다. 레뀌돈이 보여준 것을 통해 우리는 충이 백성을 섬기기 위한 전제며, 충군의 목적은 백성을 위하는 것이고, 충군은 목적이 아니라 백성의 행복이라는 궁극적인 이상을 달성하기 위한 수단으로 이해할 수 있다.

이 원칙을 고수하면서 레뀌돈은 자신의 삶보다 국가의 이익을 우선시했다. 국가의 이익이 가장 중요하며, 그에게 진정한 충신은 특정 왕에게 충성하는 것이 아니라 자신의 조국에 충성하는 사람이었다. 『군서고변(群書考辨)』에서 그는 다음과 같이 썼다. "신하가 되어 반드시 국가의 기쁨을 즐기고 국가의 걱정을 염려해야 하며 국운이 어떠하든 전심전력으로 국가에 충성해야 한다." 바로 그렇기 때문에 레(Lê) 왕과 찐(Trịnh) 군주의 상호 관계 속에서 그는 찐(Trịnh) 군주에게 충성하는 것과 동시에 레(Lê) 왕에게도 충성하는 모습을 보였다. 그는 여전히 레(Lê) 왕조를 자신의 왕조(本朝)로 인정하고 이 왕위의 정당성을 인정했다. 『견문소록(見聞小錄)』에서 그는 다음과 같이 기록하고 있다. "본조고황(高皇, 즉 레러이(Lê Lợi) 레타이또(Lê Thái Tổ), 병오년 천경(天

慶) 연호에 보제궁(菩提宮)에서 과거시험을 시행하도록 명하고, 시험 문제는 '동관성문용(東關城文用)'이었다." 분명히 그는 레(Lê)를 폐하고 찐(Trịnh)을 세우는 것을 주장하지는 않았다. 그는 모든 일이 '이치(理)'와 '형세(勢)'를 따라야 하며, 대의에 이롭기만 하면 된다고 보았다.

국가에 대한 충성이라는 레뀌돈(Lê Quý Đôn)의 관념은 후대에 존중되고 활용되었다. 현대 베트남에서도 '충(忠)'과 '효(孝)' 개념은 민족 혁명의 기본 도덕률로 해석한다. 호치민(Hồ Chí Minh, 1890-1969) 주석은 베트남 민족의 애국 전통을 집약한 유명한 말을 남겼다. "혁명 간부는 옳고 그름을 명확히 인식하고, 올바른 입장을 견지하며, 국가에 충성하고, 백성에게 효도해야 한다."

레뀌돈 시대는 그가 그렇게 명확하고 정확하게 표현할 수 없게 했지만, 그는 '충(忠)' 개념을 풍부하고 깊은 의미를 지닌 윤리적 개념으로 추상화했다.

4) 대표적인 인물에 대한 자료

(1) 응웬짜이 - 베트남 유교에 인문주의 정신을 확립하다

베트남 역사에서 응웬짜이는 위대한 민족 영웅이자 사상가이며 탁월한 문화인이다. 그는 14세기 말부터 15세기 중반까지의 매우 특별한 시기에 태어나고 자랐다. 이 시기는 응웬짜이 사상의 형성과 발전에 깊은 영향을 미친 세 가지 기본적인 특징을 가지고 있다. 그 특징들을 요약하면 다음과 같다: 첫째, 민족 형성 과정이 완성된 시기; 둘째, 국가 건설 시기; 셋째, 민족 문화가 발전한 시기이다. 그렇기에 호앙쭝통 교수는 연구를 통해 이 시기 베트남의 전반적인 변화를 유럽의 문예 부흥기와 비교하기도 했다. 그리고 엥겔스의 '자연변증법' 중 한 구절을 인용하며 응웬짜이를 위대한 인간으로 칭송하였다. '사고 능력, 열정, 인격에서 위대하고 재능, 직업, 깊은 학식에서 위대한' 인물이었다. 정치, 군사, 문화, 사상 등 모든 면에서 그의 전반적인 기여는 그를 베트남 역사상 위대한 인물로 만들었다.

특히 응웬짜이는 민족의 위대한 사상가였다. 그가 남긴 정신적 유산을 통해 우리는 인식의 높은 경지와 사고의 깊이를 엿볼 수 있다. 거기에는 시대와 민족 사상의 정수가 응축되어 있다. 그는 유교, 불교, 도교의 영향을 받았지만 결코 특정 교리의 신봉자는 아니었다. 외국에서 베트남으로 전래된 사상 체계를 연구할 때 우리는 방법론적 성격을 띤 두 가지 문제를 고려해야 한다. 첫째, '새로운 체계의 구성 요소가 기존 체계의 구성 요소와 어떻게 다른가. 둘째, 재구성된 체계가 기존 구조 체계와 어떻게 조화를 이루는가'이다. 응웬짜이의 경우도 마찬가지로 살펴봐야 한다. 중국 유가 사상 체계에는 '인(仁)'과 '예(禮)'라는 두 가지 가장 기본적인 개념이 있지만, 응웬짜이를 비롯한 베트남 사상가들에게는 '인(仁)'과 '의(義)'였다. 심지어 이 인의마저도 중국 유가의 인의와는 개념에 대한 이해가 달랐다. 중국 사상사에서 '인의'를 '백성을 평안하게 하는 것'으로 이해한 사상가는 찾기 어렵다. 오직 응웬짜이만이 이처럼 넓고 인도적인 이해를 하고 있었다. '악(樂)'의 개념도 마찬가지다. 중국 유교는 악을 주로 나라를 다스리는 도구나 군자의 우아한 취미로 이해했다. 응웬짜이는 이렇게 말한다: "평화는 악의 근본입니다. 청아한 소리는 악의 문채입니다 … 바라건대 폐하께서는 백성을 사랑하고 보살피셔서 시골 구석구석에서 원망과 한탄 소리가 없게 하십시오. 이것이 바로 악의 근본을 지키는 것입니다." 응웬짜이야말로 진정으로 '나라를 다스리고 나라의 명성을 빛내는 일에 있어서 예전에는 그와 같은 사람이 없었다(經邦華國古無前)'라고 할 만하다.

민족 독립 사상과 더불어 인의 사상은 베트남 전통 사상에서 가장 중요한 사상 중 하나로, 이상적인 사회를 향한 것이었다. 사회는 독립적이고 통일되어야 할 뿐만 아니라 안정적이고 질서 정연해야 하며, 공정함과 올바름(의)을 존중하고, 서로 사랑하고 보살펴야(인) 한다. 인의 사상은 역사 속 베트남 유교를 관통하는 사상이었다. 응웬짜이는 "인한 자는 약한 자로 강한 자를 제압하고, 의로운 자는 적은 수로 많은 수를 물리친다"라고 단언했으며, "대의(大義)로 흉포하고 잔인한 자를 이기고, 지인(至仁)으로 강포하고 횡포한 자를 변화시킨다"고 하였다. 인의는 중국 유교의 '덕치'나 '예치'와 같은 치국 노선일 뿐만 아니라, 나라를 구하는 목표이자 더 나아가 도덕의 토대이며 인생의 기준이기도 하다. 바로 이 인의에서 비롯된 마음으로 응웬짜이와 베트남의 다른 유학자 및 지도자들은 민족적 증오를 없애고 그가 '호생(好生)의 이치'라고 부른 '천도(天道);를 실천하였다. 베트남을 침략하고 패배하여 항복한 명의 병사들을 살려 보낸 후, 응웬짜이는 베트남인의 입장에 대해 이렇게 단언했다: "신성한 무력은 죽이지 않고, 호생의 뜻을 보이기 위해 하늘의 뜻을 따르네."

'배를 싣는 것도 백성이고, 배를 뒤집는 것도 백성'이라는 말은 유학자들 사이에서 널리 퍼진 관념이다. 레뀌돈의 유명한 시 '관해(關海)'에는 많은 사람들이 기억하는 가슴 저린 구절이 있다

"覆舟水信民猶水
恃險難憑命在天
禍福有媒非一日

꼰선(좌): 꼰선 사찰은 응웬짜이가 머물던 거처 바로 옆에 있었기 때문에 그가 지은 시와 비석 등의 흔적이 남아 있다. 오늘날에도 수많은 사람들이 찾아와 향을 피우고 기원한다. **꼰선 입구(우)**: 어린 시절 응웬짜이(Nguyễn Trãi, 阮廌, 1380-1442)는 외조부를 따라 이곳에 와서 어머니와 함께 머물며 공부를 했다. 관직에서 물러난 뒤 이곳으로 되돌아온 응웬짜이는 정치적 누명을 쓰고 죽음을 맞는다. 흔히 인근에 있는 쩐흥다오의 사당과 함께 호국영웅이 머무는 이곳을 사람들은 꼰선끼엡박(Côn Sơn - Kiếp Bạc)이라 부른다.

英雄遺恨幾千年"

(배가 뒤집힌 후에야 백성이 물과 같다는 것을 깨닫고, 험한 것을 믿고 의지해도 운명은 하늘에 달려있네. 화와 복은 원인이 있으니 하루아침에 생기는 것이 아니고, 영웅이 남긴 한은 수천 년이 지나도 사라지지 않네)

사회적 관계에서 구체화된 인의의 관념은 바로 사람된 도리다. 응웬짜이에게 사람된 도리는 무엇보다도 인애하는 마음과 지혜, 그리고 용기를 가져야 하는 것이다. 그는 마치 공자의 인(仁), 지(智), 용(勇)의 관념을 따르는 듯하지만 그는 인, 지, 용을 단지 책 속에서만 말하는 것이 아니라 무엇보다 삶 속에서 인간을 위해 행동하고 인간을 비인도적인 것들로부터 보호하는 것이라고 말한다.

응웬짜이 사당: 유학을 베트남화 한 인물로 응웬짜이를 꼽는다. 명의 식민 지배에 맞서 사상투쟁을 전개하고 독립을 쟁취하는 데 결정적인 역할을 한 그는 늘 마을 사람들과 어울려 살았다.

호 환검: '칼의 호수' 또는 '환검(還劍) 호수'라 불리는 이곳은 하노이 사람들이 손으로 꼽는 장소다. 거북이로부터 칼을 받고 명의 식민지배를 물리친 후 레타이또(Lê Thái Tổ, 黎太祖 재위 1428-1433)가 이 호수에서 배를 타고 유람할 때 거북이가 나타나 칼을 돌려 받고 갔다는 이야기가 전한다.

"독을 제거하고, 탐욕을 제거하고 폭력을 제거해야만 한다. 인이 있고 지혜가 있고 영웅이 있다." 응웬짜이의 이러한 인의 관념은 이후 베트남 유학자들에게 삶의 방향과 기본적 행동 원칙이 되었다. 이후 유교를 숭상한 레타인똥도 "잔인함을 없애고 포악한 자를 제거하는 것이 바로 제왕의 인(仁)이다"라고 했다. 역사가 응오시리엔은 인의가 가장 귀한 것이라 생각했다. 그는 "삶을 버려 의를 지키는 것이 사는 것보다 낫다. 살기 위해 치욕을 감수하는 것은 군자가 하지 않는 것이다"라고 했다. 예전에 맹자가 둘 중 하나를 선택해야 한다면 목숨을 버리고 의를 선택하겠다고 한 것처럼, 응오시리엔도 마찬가지로 의기와 올바른 도리가 생명보다 더 중요하다고 보았다.

(2) 레꿰돈 - 베트남 유교의 이론적 사고에 새로운 지평을 확립하다

레꿰돈 이전 베트남 유교의 한 가지 특징은 본체론적인 문제에 대해 거의 논하지 않았다는 것이다. 베트남 유학자들은 중국 유교를 우선적으로, 그리고 치국의 방법과 사회적 도덕 규범 체계에서 받아들였다. 오경 중에서는 '시(詩)'와 '서(書)'가 가장 많이 논의되었고 '예(禮)'가 가장 많이 적용되었으며 '역(易)'은 비교적 적게 논의되었다. (이것은 후레 왕조 이후에 바뀌게 된다) 레꿰돈 이전에는 형이상학적 유교 분야에서 유명한 사람은 16세기의 찐꾸옥꽁 응웬빈키엠(Trình Quốc công Nguyễn Bỉnh Khiêm) 한 명뿐이었으며, 그는 중국 학자들로부터 '안남 이학에 있어서 정천(程泉)'이라는 칭송을 받았다.

15세기 이전(즉, 베트남 유교 역사 약 1500년 동안) 베트남 유학이 남긴 측정 가능한 유산은 극히 미미했다. 역사를 읽으면 수많은 유명한 유학자들이 있기는 하다. 그럼에도 그들의 작품을 찾을라치면 거의 남아 있지 않다. 운이 좋으면 몇 권의 얇은 책을 찾을 수 있다. 수많은 유명 유학자들의 작품이라고는 몇 편의 시만 남아 있을 뿐이다(추반안이 대표적인 예이다). 책 이름만 기록되어 있을 뿐 내용은 전혀 찾아볼 수가 없다. 현대의 베트남 학자들은 그러한 현실을 15세기 명이 민족 동화 정책을 시행하면서 대월(Đại Việt)의 문화를 말살하기 위해 베트남 서적 전체를 불태웠다는 사건으로 변호한다. 베트남의 가장 위대한 역사가 중 한 명이자 『대월사기전서(大越史記全書)』의 저자인 응오시리엔(Ngô Sĩ Liên)은 15세기 당시 상황에 대해 이렇게 썼다:

"칼과 창이 거리에 가득하여 오랑캐 명나라 도적이 아닌 곳이 없었고, 온 나라의 서책은 잿더미가 되었다." 그러나 그 시기 전체의 작품 체계를 살펴보면 베트남 유학자들의 서적이 십중팔구는 시와 부에 불과

풍칵콴 사당: 풍칵콴(Phùng Khắc Khoan, 馮克寬, 1528-1613)은 쇠퇴일로의 레 왕조 조정에 적극적으로 출사한 대표적 인물이다.

했음을 알 수 있다. 학술적 성격의 서적은 적었을 뿐만 아니라, 그 중 일부는 '간요(簡要)', '절요(節要)'와 같은 소개 및 요약적 성격의 책이었고, '대전(大全)'과 같은 것은 없었다. 다른 부분은 가훈이나 도덕적 교훈 또는 학습 및 시험용 서적 등이었다.

14세기 말 불교에 대한 비판은 베트남 유교의 반성적 성찰과 발전의 이정표였다. 15세기에 이르러 유교는 응웬짜이, 레타인똥 등과 함께 화려하게 발전했다. 16세기와 17세기에는 응웬빈키엠, 응웬즈, 풍칵콴 등으로 발전하여 다양한 형태로 심화되었다. 원시 유교와 송명 유교의 사상과 함께 15세기부터 17세기까지의 베트남 유학자들은 레뀌돈이 자신의 시대에 베트남 유교를 발전시킬 사상적 토대를 마련했다.

레뀌돈의 서적 체계에는 유교와 유교 사상 체계에 대해 직접적으

레뀌돈 사당: 레뀌돈(Lê Quý Đôn, 黎貴惇, 1726-1784)은 베트남 유학자 가운데 가장 많은 저술을 남긴 인물로 당대 베트남의 현안을 해결하기 위해 실학을 전개했다. 오늘날에도 베트남 유학을 대표하는 학자로 조선의 실학자 다산 정약용과 비교 연구의 대상이 되고 있다.

로 논하는 최소 5개의 작품이 있으며, 대표적인 것은 『서경연의(書經演義)』, 『역경부설(易經扶說)』, 『성모현범록(聖謨賢範錄)』, 『군서고변(羣書考辨)』, 『운대류어(雲臺類語)』이다. 베트남에서 그처럼 유교에 관한 책을 많이 쓴 유학자는 없었다. 주해 성격의 세 권의 저서인 『서경연의』, 『역경부설』, 『성모현범록』 외에도 『군서고변』과 『운대류어』 두 작품은 유교의 많은 중요한 문제들을 깊이 있게 논하고 있다.

'이기(理氣)'는 『운대류어』의 첫 번째 장이다. 레뀌돈의 기(氣)에 대한 주장으로부터 우리는 그의 사상에 역경과 송유(宋儒)의 영향이 있음을 알 수 있다. 그러나 레뀌돈 사상에는 차이점과 독특한 점도 있다. 예를 들면 레뀌돈은 태극(太極)을 기(氣)로 보았지만, 주희(朱熹)는 이(理)로 보았다. 장재(張載)는 태극을 기로 보았지만, 장재의 그 내용이 레꿰돈과는 다르다. 레꿰돈의 '이는 기 가운데 있다(理在氣之中)'는 관점은 왕양명(王陽明)의 관점과도 다르다. 또한 '기(氣)'를 논할 때 레꿰돈은 '형(形)'의 개념에도 매우 주목했다.

　이전의 많은 베트남 유학자들과 달리 그는 정치, 도덕, 인성 문제만 논한 것이 아니라 그러한 문제들의 본체 또는 형이상학적 기초에 대해서도 이해하고자 했다. 레꿰돈이 살았던 사회는 매우 복잡했고 그의 시대는 매우 특별한 역사적 시기였다. 첨예한 위기와 강력한 변화 속에서, 레꿰돈은 유학자로서 그 모든 것에 대한 도리[常道]를 찾아야 했다. 그 도리는 치국의 법, 사회 규범, 그리고 표준적인 덕행을 관통하는 것이었다. 그러나 그는 단순히 유학자가 아니라 더 나아가 철학적 유학자, 즉 유교 철학자였다. 그러한 자격으로, 그는 그 규범과 기준 뒤에 있는 것을 집요하게 추구하여 모든 것의 궁극적인 근거, 즉 세계의 근본이 무엇인지에 대한 질문을 찾았다. 그리고 그는 먼저 사기 자신의 인식적 욕구를 충족시키기 위해, 그리고 나중에는 자신의 철학 체계를 완성하기 위해, "우주의 본체는 무엇인가? 태극인가 무극인가, 이인가 기인가?"라는 질문에 답했다. 그리고 그 토대, 그 이기(理氣)의 본체는 인성론과 정치−도덕론에 구체적으로 나타났다. 물론 시간적으로 레꿰돈이 본체 문제를 해결한 후에 사회적 인성 문제에 착수한 것은 아니다. 이것은 오직 관념론적 철학자들의 머릿속에서만 일어날 수 있다. 여기서 우리는 논리적 관점에서 말하는데, 레꿰돈에게 이와 기는 정치 및 인성 사상의 토대며 정치 및 인성에 대한 관점은 실제적인 측면에서 이와 기의 표현이다. 레꿰돈에게 이와 기는 논리적 의미에서 정치 사상과 인성 사상보다 먼저 존재하며 그 토대가 된다(『군서고변』과 『성모현범록』은 1757년에, 『운대류어』는 그로부터 16년 후인 1773년에 완성되었다).

1773년은 또한 레뀌돈으로서는 가장 높은 직위인 배송(陪送, 副宰相)으로 승진한 해다. 아마도 매일 국가의 중요한 문제들을 직접 해결해야 했기 때문에 레뀌돈은 자신의 사상을 완성하고 형이상학적 측면에서 자신의 사상 전체를 체계화해야 했을 것이다. 어쨌든 독특한 특성을 가진 비교적 완전한 철학 체계를 구축함으로써 레뀌돈은 베트남인의 이론적 사고를 구축하는 과정에 적지 않은 기여를 했다. 그러한 실천은 유교의 무한한 잠재력과 생명력을 보여준다.

그의 저술은 우선 당대 사회의 요구에 부응하기 위한 것이었다. 그러나 그의 저술들은 그 시대는 물론이거니와 오늘날에도 여전히 의미가 있다. 그가 자신의 저술들을 통해 일시적이고 사회적인 세부 사항에만 국한하지 않고, 베트남 민족이 해결해야 할 더 항구적인 핵심 문제를 다루었기 때문이다. 레뀌돈의 시대는 유교의 외부적 대중적 표현이 쇠퇴하던 시기였다. 그는 진정한 유학자로서 그 문제에 책임감을 느꼈다. 학문이 나라와 인류에게 어떤 도움을 줄 수 있을까? 그리고 그 학문은 어떤 학문이어야 하는가? 당시 베트남은 약 18세기 동안 중국 유교와 접촉했다. 그러나 중국 유교는 중국 땅에서 탄생하여 무엇보다도 중국 민족과 중국의 문제를 해결하기 위한 것이었다. 만약 그러한 틀을 사회 구조와 역사적 상황이 전혀 다른 민족에게 도식적으로 적용한다면, 그 틀은 조만간 본래의 효력을 발휘하지 못하게 될 것이다. 그렇기에 레뀌돈은 중국 유학자들과 베트남 유학자들 모두에게서 시작하여 유교를 발전시키기를 염원했다. 그 유교는 무엇보다도 베트남 민족의 문제를 해결해야 하는 것이었다. 그리고 유교를 베트남화하기 위해, 즉 유교가 베트남 땅에 더 깊이 뿌리내리고 더 큰 효력을 발휘할 수 있도록 하기 위해, 레뀌돈은 정치사회적 관점에서부터 인성 철학, 인간 도리, 심지어 형이상학적 문제에 이르기까지 유교 체계 전체를 되돌아봐야 했다. 그 전체 체계를 검토하는 과정에서, 그는 자신만의 고유한 유교 구조를 찾아야 한다고 느꼈고, 그 구조의 각 구성 요소는 베트남인에게 더 친숙한 방식으로 이해되었다. 그리고 시스템의 필수적인 요구 사항인 통합성과 논리성으로 그는 『운대류어』를 통해 그 작업에 착수했다. 『견문소록(見聞小錄)』, 『군서고변』, 그리고 마지막으로 『운대류어』로 레뀌돈은 자신만의 독특한 이기(理氣) 철학 체계를 구축했다고 할 수 있다. 그의 이기 철학은 장재, 주희, 왕양명 등에게서 배운 것이지만 그들과 근본적인 차이점이 있다. 이는 그가 응웬짜이, 레타인똥, 응웬즈, 응웬빈키엠, 풍칵콴 등 이전 베트남 유학자들의 다양한 유교적 관점을 받아들이고 발전시켰기 때문이다.

4. 봉건 시대 외래 이론과 문화 사상의 '베트남화' 과정의 특징

1) 외래 사상과 문화는 오직 베트남의 현실에서 출발하고 베트남 민족의 질문에 답할 때에만 존재하고 발전할 수 있었다.

베트남 유학자들은 유교를 이념적 도구로 삼으면서도 항상 조국의 이익과 밀접하게 연결된 생각들을 품고 있었다. 사람들은 흔히 세 가지 유형의 유학자를 언급한다. 도를 행하는 사람, 은둔하는 사람, 그리고 풍류를 즐기는 사람을 말한다. 그러나 베트남에서는 도를 행하는 유형이 가장 대표적이며, '도를 행하는' 자질을 거의 모든 베트남 유학자의 주된 자질로 여겼다. 군주를 섬기고 백성에게 이익을 가져다주는 것이 베트남의 위대한 유학자들에게는 떠나지 않는 마음가짐이었다. 응웬짜이(Nguyễn Trãi)와 응웬빈키엠(Nguyễn Bỉnh Khiêm)은 항상 은둔하는 시간을 가졌고 그들의 시문은 여유로운 사상을 높이 샀지만 그것은 때를 기다리는 여유와 은둔일 뿐이었다. 그들은 기회가 있을 때마다 "천하의 근심보다 먼저 근심한다"는 사상을 항상 최우선으로 떠올렸다. 풍류 유학자들 중에서는 딴다(Tản Đà) 응웬칵히에우(Nguyễn Khắc Hiếu)는 '베트남 제일의 풍류 유학자'로 불렸다. 그러면서도 그는 '세상을 위한 문학'이야말로 중요하며 진정으로 의미 있는 문학이라고 단언했다.

'세상을 위한 문학'은 항상 '유희의 문학'과는 거리가 멀며, 『대경(臺鏡)』, 『렌사우(Lên sáu)』, 『렌땀(Lên tám)』과 같은 작품들이 바로 사상과 도리를 높이 사는 '세상을 위한 문학'에 속했다. 유교를 재구성하는 것에서 비롯된 전통적인 관념들로 인해, 베트남 유학자들은 때때로 '행(行)'하고 때로는 '멈추(止)'었지만, 기본적으로는 항상 '나갔(出)'지 결코 '머무르(處)'지는 않았다. '출'이라는 사상, 즉 도를 행하는 위치는 항상 최우선으로 여겨졌다. 유교의 이상은 경방제세(經邦濟世)로 부강한 국가를 건설하고 인류에게 행복을 가져다주는 것에 대한 강렬한 의식을 가지고 있다. 이러한 이상은 유교의 두 가지 기본 개념이자 두 가지 길인 내성(內聖)과 외왕(外王)의 관계를 통해 표현된다. 이는 도덕과 정치, 내향적 차원과 외향적 차원, 이상과 현실적 활동 사이의 관계를 해결하는 것이다. 맹자는 『진심상(盡心上)』편에서 '궁즉독선기신(窮則獨善其身) 달즉겸선천하(達則兼善天下)'라고 말했다. 베트남의 뛰어난 유학자 응웬꽁쯔(Nguyễn Công Trứ)도 그의 『한유풍미부(閑儒風味賦)』에서 자신의 마음을 드러냈다. "하루 세끼 배를 채소로 툭툭 두드려도 군자는 배부름을 구하지 않는다.", "밤 오경에 코를 골며 깊은 잠에 들어도 태평한 세상에는 문이 항상 열려 있다." 이처럼 말한 것은 그가 안락함을 좋아해서가 아니라, 내성외왕의 관점이 그에게 깊이 스며들었기 때문이다. 응웬꽁쯔에게 있어 자신의 덕에 만족할 수 있는 사람은 정치, 군사, 경제뿐만 아니라 문학, 예술, 사상 분야에서도 큰 공을 세울 수 있다. 그의 가난했던 시절의 의지와 같은 것이다.

"장부가 하늘과 땅에 서서, 반드시 강산에 이름을 남겨야 한다." 여기서 공명과 업적은 바로 유학자의 대표적인 공명과 업적이다. 그는 다음과 같은 두 구절을 내뱉었다:

"세상에 들어가면 공업이 없을 수 없고, 어머니의 태를 나오면 먼저 임금과 부모가 있다." 내성외왕은 내면의 수양, 즉 인격과 정신 생활의 완성을 중요시하면서도, '나라를 다스리고 세상을 돕는' 또는 '세상을 다스리고 백성을 돕는' 이상적 목표를 끊임없이 강조했다. 베트남 유학자들은 또한 사회적 책임을 특별히 강조했다. 응웬짜이의 사상에서 사회적 책임은 무엇보다도 나라사랑주의(애국주의)로 나타난다. 철학적 관점에서 '나라'라는 범주는 인류 공동체, 즉 민족, 국가를 의미한다. 따라서 이러한 철학 사상에서 애국심은 민족 공동체에 대한 책임 의식이 이론적으로 반영된 것이다. 베트남 애국주의의 특징은 단결 정신, 영토 보전 정신, 민족 문화적 정체성이다. 애국주의는 단순히 심리적, 감정적 존중에 그치지 않고, 독립과 주권 국가에 대한 관념이 되었다. 응웬짜이는 문화, 영토, 풍습, 역사, 인간 등의 요소를 언급했다. 국가 건설과 보위의 동력은 만장일치였다. 응웬짜이 사상의 인문주의는 인간을 출발점으로 삼고 인간을 소중히 여긴다. 타인을 향한 따뜻한 마음은 관계의 기초이다. 응웬짜이 인의 사상의 사회적 성격은 다음과 같은 관점에서 볼 수 있다. 요컨대 첫째, 타인을 이롭게 함이고, 둘째, 타인을 이해함이며 셋째, 공통의 이익을 추구와 넷째, 공통의 풍습에 따라 공동체에 합당하게 행동함에 두었다. 궁극적 목적은 인간, 특히 도덕적 인간의 전면적 발전을 이루고 인간의 인격을 완성하며, 인간이 더 좋고 더 아름답고 더 행복한 삶을 살도록 하는 것이다. 응웬짜이 사상의 인문성과 포용성은 깊은 인도주의 정신을 보여준다.

응웬빈키엠은 어떤 관점에서 보면 세속을 벗어난 유학자의 기질을 지녔다고 볼 수도 있지만 마음속으로는 항상 사회를 걱정했다. 민족과 국가를 걱정하는 정신, 즉 '우국우민(憂國憂民)', '우시민세(憂時憫世)'는 '천하의 근심보다 먼저 근심하고 천하의 즐거움보다 나중에 즐거워한다'는 유교의 이상이면서, 동시에 역사 속 베트남 유학자의 포부와 기질을 보여준다. 이러한 이상적인 인격은 옛 베트남인들이 삶을 편안히하고 운명을 세우는 과정에서 하나의 본보기였으며 오늘날 베트남인의 인격을 형성하는 과정에서도 여전히 유효하다.

베트남의 위대한 유학자들은 자신의 생명을 민족의 운명과 항상 연결했다. 결코 당파와 연결하지 않았다. 조국에 대한 책임감은 종종 죽음에 대한 인간의 극심한 두려움을 이겨냈다. 백성과 나라를 위해 그들은 기꺼이 가장 큰 위험에 맞섰다. 쩐주똥(Trần Dụ Tông) 시기에 추반안(Chu Văn An)은 7명의 간신을 처형할 것을 청하는 「칠참소(七斬疏)」를 올렸다. 쩐 왕조 말기 호 왕조 초기에, 당중(Đặng Dung)은 여전히 칼을 갈며 침략자에 대한 복수를 맹세했다. "나라의 원수를 갚기도 전에 머리는 벌써 희끗희끗해졌네, 몇 번이나 달 아래서 용천(龍泉)의 칼을 갈았던가." 추반안과 마찬가지로 막(Mạc) 왕조 시대에 응웬빈키엠은 용감하게 18명의 권신을 처벌하라는 상소를 올렸다. 응웬빈키엠은 왕이 자신의 상소를 받아들이지 않자 고향으로 돌아가 은거했지만 나라가 자신을 필요로 할 때마다 항상 일을 맡았다. 그래서『대월사류첩록(大越史類捷錄)』저자인 부컴럼(Vũ Khâm Lâm)은 이렇게 썼다. "그는 44년간 집에 머물렀지만 하루도 세상을 잊지 않았고 시 속에는 항상 세상을 근심하는 마음이 드러나 있었다."

베트남 유교는 하나의 이데올로기이자 도덕 사회 정치 철학 체계로서 국가 발전에서 중요한 위치를 차지했다. 좋든 싫든 베트남 역사의 성공과 실패에 대해 민족 전체에 책임을 져야 했다. 19세기 말 20세기 초, 서구의 군사적 문화적 침략 앞에서 베트남 문화 전반과 더불어 특히 유교 이데올로기는 뿌리째 흔들렸다. 민족에 대한 베트남 유교의 책임, 즉 베트남 유교의 역사적 사명은 매우 첨예하게 제기되었다. 새로운 학문을 따르는 학자들뿐만 아니라, 유학자들 자신도 자신의 이데올로기 체계를 반성했다. 판보이처우(Phan Bội Châu)는 이 시기이 대표적인 유학자이다.

1925년, 판보이처우는 프랑스 식민주의자들에게 상하이에서 납치되어 본국으로 송환되어 재판을 받았다. 법정에서도 그는 굴하지 않고 이렇게 말한다. "살아서는 천하의 근심을 없애지 못하고 죽어서는 마음 속의 원한을 씻지 못하네. 끊임없는 분노는 쩌우 강과 홍 강에 영원히 흐르네. 이전의 연극은 이미 끝을 향하고 이후의 무대는 이제 막 세워져야 하네. 사람들을 분발시켜야 하니 서구의 바람과 아시아의 비가 사방에서 몰려오네."

『신월남』이라는 책에서 판보이처우는 국가 상황과 유교 이론에서 출발하여 자신의 활동 경험을 교훈 삼아 사회적 책임에 대한 여러 문제들을 제기했다. 그는 공동체 의식이 필수적이라고 주장했다. "몇몇 사람의 심력(心力)만으로 산과 강에 공을 세우는 것은 결코 이룰 수 없다. 차라리 단체를 결성하고, 정(情)을 연결하며, 계책에 집중하되 재물을 합쳐서 서로에 대한 질투심을 송두리째 버린 뒤 생사를 같이하는 길을 택해야 한다." "수만 명의 재산을 공동의 재산으로 삼고, 수만 명의 힘을 공동의 힘으로 삼으면, 내 옷을 네가 입고, 내 밥을 네가 먹고, 네가 아플 때 내가 약을 가져다주고, 네 집이 어두우면 내 등불로 밝혀주고, 수만 명이 어깨를 맞대고 짊어지면 아무리 무거운 것도 들어 올릴 수 있다.", "수만 명이 손을 맞잡고 부축하면 아무리 약해도 일어설 수 있다.", "우리 베트남 사람들이 모두 이렇게 서로를 진심으로 사랑하고 믿는다면 우리 눈에 프랑스인이 보일까?" 공동체 의식과 더불어 베트남 사람들은 조국에 대한 의무를 다하고 책임감을 가져야 한다고 했다. "나라는 우리의 것이다. 우리는 오직 나라만을 생각해야 한다. 모든 사람이 마음을 다해 걱정해야 하고, 모든 사람은 자신의 의무를 다해 조국에 이바지해야 한다.", "네가 아플 때 나는 내 몸의 아픔을 느끼는 것처럼 걱정하고 슬퍼할 것이다. 다른 사람은 힘든 길을 함께 걷고 있는데 어찌 두 갈래 길을 따져보고 비교하겠는가?" 그리고 마지막으로, 역사에 대한 책임을 져야 한다고 했다. 즉, 단기적인 시각이 아니라 미래를 위한 시각을 가져야 하며 영원한 미래에 대해 책임을 져야 한다는 것이다.

"근본적으로 따졌을 때 하루의 명성과 만세의 명성 중 어느 것이 더 나은가? 자신만의 이익과 나라 전체의 이익 중 어느 것이 더 큰가? 좋은 명성을 선택한다면 죽고 싶어도 사양하지 않을 것이고, 수천 냥을 버려도 아깝지 않을 것이고 진정한 명예를 얻으려 한다면 기꺼이 돈을 주고 살 것이다. 이것이 바로 진정한 명성을 추구하는 것이다. 큰 이익을 선택한다면 나라의 권익을 철과 피로 되찾아야 하고, 문명을 자신의 몸과 집으로 사서 얻고자 한다면 기꺼이 힘을 합쳐야 한다. 이것이 바로 진정한 이익을 추구하는 태도다. 우리 베트남 사람들이 명예와 이익에 대한 희망을 모두 갖는다면, 우리 베트남이 부강해지지 않을 리가 있겠는가?" 이러한 책임에 대한 요구가 이행된다면, 베트남 사람들이 강해지고 베트남 민족이 독립하지 못할 것을 무엇을 걱정하겠는가?

2) 외래 문화를 수용하면서도 베트남의 문화적 정체성을 유지하다.

베트남의 문화적 정체성에 대한 선언 중 하나는 꽝쭝(Quang Trung)이 청의 군대를 몰아내기 위해 북부로 진군할 때 한 말일 것이다. "싸워라, 머리카락을 기를 수 있도록! 싸워라, 치아를 검게 물들일 수 있도록! 싸워라, 수레바퀴 하나도 되돌아가지 못하게! 싸워라, 갑옷 조각 하나도 온전하지 못하게! 싸워라, 남국의 영웅들이 주인임을 역사에 알리자."⁷ 이전에 쩐(Trần) 왕조는 유교를 주체적으로 받아들였지만, 쩐응에똥(Trần Nghệ Tông)은 중국의 모델을 맹목적으로 따르려 하는 "얼굴 하얀 학자들"(백면서생)을 격렬히 비판하며 베트남만의 길을 가져야 한다고 단언했다. 베트남 유학자들은 민족적 흐름 속에서 문화를 계승하는 사명을 지니고 있었다. 공자가 주(周)나라 문화를 칭송하며 자신이 그 문화를 후세에 전하는 사자이자 책임자로 여겼던 것처럼, 많은 베트남 유학자도 베트남 문화에 대해 그러한 책임 의식을 가지고 있었다. 응웬짜이는 "오직 우리 대월(大越)의 나라만이 실로 문헌의 나라다(唯我大越之國, 實爲文獻之邦)"라고 단언했다(『평오대고』). 응웬짜이가 이해한 문헌의 가장 중요한 내용 중 하나는 바로 인정(人情), 즉 사람 사이의 사랑과 친절이었다. 이는 '서로 사랑하고 돕는 전통'인 베트남 민족의 전통이었다. 이러한 전통과 가치는 유교의 '인의' 개념을 통해 표현된다. 그는 이렇게 말했다: "무릇 큰 일을 도모하는 데에는 인의를 근본으로 삼아야 하고 큰 공을 이룸에는 인의를 으뜸으로 삼아야 한다. 오직 인의가 겸전해야만 일이 순조롭게 풀릴 수 있다(적장 프엉친(Phương Chính)에게 답하며)." 이러한 점은 그의 여러 작품에서 일관되게 나타난다. "인의의 거사는 백성을 편안하게 하는 데 있다.", "대의로 흉포하고 잔인한 자를 이기고, 지인으로 강포하고 횡포한 자를 변화시킨다(『평오대고』)." 다오주이안(Đào Duy Anh)이 말했듯이, 응웬짜이는 '완전한 유학자, 시대의 대표적인 유학자'이며, 그는 자신이 대표하는 민족 사상을 유교의 개념, 이론, 언어를 통해 표현하는 방법을 알고 있었다. 그는 자신이 믿는 학설의 가치에 대한 지적 충실성과 민족 문화 전통에 대한 개인적 충실성을 조화시키는 데 정점에 도달했다고 볼 수 있다. 나라와 백성을 향한 그의 마음은 늘 온전했다: "오직 한 치의 오래된 우애뿐이네, 밤낮으로 밀려드는 조수처럼(「술흥(述興)」 – 5)." 전반적으로 베트남 선비들은 항상 "천하의 근심보다 먼저 근심하고, 천하의 즐거움보다 나중에 즐거워한다"는 정신을 가지고 있었다. 문묘에 있는 대련처럼:

士夫報答位何在 朝廷造就之恩 國家崇尙之意

世道維持而示此 禮樂衣冠所萃 聲名文物所都

(선비로서 어떻게 보답해야 할까 조정이 나를 만들어준 은혜와 국가가 나를 숭상한 뜻에. 세상의 도리를 유지하기 위해 이렇듯 보이니 예악과 의관이 모이는 곳이며 문물과 명성이 모두 모이는 곳이네)

봉건 시대에 베트남은 한자를 사용하면서도 자신들만의 문자인 츠놈(Chữ Nôm)을 만들어냈다. 츠놈은 베트남인들이 문화적 정체성과 민족 정신을 확인하는 과정에서 끊임없이 창조해낸 것이라 할 수 있다. 츠놈의 최초 흔적은 리까오똥(Lý Cao Tông)의 비석에서 발견되었고, 쩐년똥(Trần Nhân Tông) 때는 츠놈으로 된 부(賦)들이 있었으며, 그 후 레서(Lê Sơ) 시대에 응웬짜이의『국음시집(國音詩集)』, 레타인똥(Lê Thánh Tông)의 따오단(Tao Đàn) 모임, 응웬빈키엠의『백운시집(Bạch Vân thi tập)』 등으로 화려하게 발전했다. 그 후 도안티디엠(Đoàn Thị Điểm)이 번역한『정부음(征婦吟)』, 응웬지아티에우(Nguyễn Gia Thiều)의『궁원음곡(宮怨吟曲)』, 응웬주(Nguyễn Du)의 걸작『쮜엔끼에우(Truyện Kiều)』 등으로 이어졌다. 응웬흐우빈(Nguyễn Hữu Vinh)은 이렇게 평가했다: "분명히 외세의 침략과 맞설 때마다 츠놈은 강력하게 발전했다.", "명나라 군대를 몰아낸 후 츠놈 문학은 응웬짜이의『국음시집』을 통해 더욱 강력해졌다.", "청을 물리친 후, 츠놈은 떠이선(Tây Sơn) 시대에 다시 중요하게 사용되었다.", "오랜 기간 동안 외세의 침략이 없던 시기에도 츠놈은 감정을 진달하고 마을 공동체의 생활을 표현하는 수단이었다."

"왕의 법은 마을의 관습을 이기지 못한다"는 이데올로기 의식 때문에 찐(Trịnh) 군주가 한때 금지했음에도 불구하고 츠놈은 여전히 강력한 확산력을 잃지 않았다. 민족 의식은 쩐 왕조부터 응웬 왕조에 이르는 기간 동안 츠놈을 개량하는 과정에서도 분명하게 드러났다. "쩐 왕조와 그 이후 시대에는 츠놈에 가차(假借) 글자가 여전히 많이 사용되었다. 즉, 츠놈은 기존의 한자 형태를 빌려 츠놈 발음을 표기했는데 후대에 이르러서는 가차 글자의 수가 크게 줄어든 반면, 베트남 고유의 형성 츠놈 글자는 눈에 띄게 증가했다.", "츠놈의 구조적 측면에서 볼 때, 츠놈의 조자법은 한자의 육서를 뛰어넘었으며 이는 한자에 사용되는 방법과는 다른 고유한 글자를 만들고자 하는 노력을 보여준다. 이는 한자의 틀을 맹목적으로 따르지 않는 독자적인 민족 정신을 담고 있다."

3) 인문주의와 인간 존중의 정신을 바탕으로 한 '베트남화'

응웬빈키엠의 사상에서는 도덕이 최우선이며 도덕적인 사람이 무적이다. "옛부터 인덕을 갖춘 사람은 적이 없었으니 어찌 구차하게 전쟁을 추구하는가(『감흥시(感興詩)』3)." 동양과 베트남의 전통 사상에서는 '인권'이라는 개념이 없었고 '권리'라는 명사 자체도 근대 서양에서 유입된 산물이다. 베트남의 문화적 전통은 인간의 권리보다는 의무와 책임을 더 강조했다. 역사 속 사상가들은 특정 주체가 어떤 권리를 가졌는지 거의 언급하지 않았고, 대신 그 주체가 어떤 사람이 되어야 하는지, 어떤 의무와 책임을 가져야 하는지에 대해 주로 말했다. 특히 도덕적 의무와 책임을 강조했다. 응웬주(Nguyễn Du)의 『쮜엔끼에우(Truyện Kiều)』에서 "우연한 만남의 인연, 양육의 덕, 사랑과 효심, 어느 쪽이 더 무거운가?"라고 한다거나, 응웬딘치에우(Nguyễn Đình Chiểu)의 『룩번띠엔(Lục Vân Tiên)』에서 "사내는 충효를 으뜸으로 삼고, 여자는 정절과 행실을 지키며 자신을 수양한다."라고 한 것이 그 예다. 오늘날까지도 우리는 학생들에게 자신의 권리를 사용하는 법을 가르치는 데 익숙하지 않거나 심지어 모른다. 우리는 권리에 대해 부정적인 인상을 가지고 있거나, 인권의 의미나 한계에 대해 매우 모호하게 이해하고 있거나, 학생들이 자신의 권리를 이해하고 사용하면 '착하지 않게' 될까 봐 두려워한다. 이는 자신들의 견고하고 존귀한 지위에 직접적인 영향을 미칠 것이라 생각한 데서 비롯된다. 그러나 베트남의 전통 문화가 의무와 책임만을 논하고 인간의 권리와 권한을 중요하게 여기지 않는다고 단정할 수는 없다. 애국심과 함께 인도주의는 베트남 민족의 두드러진 정신적 가치 중 하나다. 인도주의는 인간의 존엄성, 인간의 삶의 권리, 발전의 권리를 존중하는 것이다. 역사를 되짚어보면, 어떤 사상가에게서든 우리는 그러한 인도주의, 인간 중심, 인민 중심의 정신을 발견할 수 있다. 여기서는 한 가지 예만 들고자 한다. 베트남 최초의 완전한 성문법인『국조형률(國朝刑律)』이다.『국조형률』은 실제로 인간의 의무와 책임을 많이 강조했다. 제2조 '십악(十惡)'에는 백성으로서 군주와 나라에 대한 의무와 관련된 네 가지 조항(모반, 모대역, 모반대역, 대불경)과 가족 구성원으로서 조부모, 부모, 친척에 대한 의무와 관련된 네 가지 조항(악역, 불효, 불목, 내란), 그리고 개인으로서 타인에 대한 의무와 관련된 두 가지 조항(불도, 불의)이 포함되어 있다. 그러나 의무와 책임을 강조하는 것 외에도,『국조형률』은 삶의 권리, 보호받을 권리, 결혼의 자유, 자신의 행복을 선택하고 보호할 권리, 재산을 보호받을 권리 등 최소한의 기본적 인권을 인정하고 보호하고 있다. 고소, 모함, 관리들의 백성 괴롭힘, 무고한 사람의 체포 및 감금 등 인간의 존엄성을 침해하는 모든 행위는 처벌 대상이었다.『국조형률』은 레타인똥(Lê Thánh Tông) 시대에 제정되었으며 그의 사상적 영향을 받았다. 레타인똥의 치국 목표는 백성들이 잉여 재산을 가지고 굶주림, 추위, 유랑의 곤경에 처하지 않게 하는 것이었다. 현대 언어로 말하면, 레타인똥은 백성의 의식주(衣食住)와 재산 소유권을 인정한 것이다. 특히 그는 "법률은 국가의 공정한 규범이니, 나도 그대들도 모두 따라야 한다"고 단언했다. 주목할 점은『국조형률』이 당과 명의 법률, 그리고 법가(法家) 사상 전반의 영향을 받았음에도 불구하고, 레타인똥이 여기서 보여준 법률 정신은 상당한 진보를 보인다는 것이다. 법가는 양법(良法)의 관념을 가지고 있지 않았다. 그들은 "법률이 선하지 않더라도 법률이 없는 것보다 낫다"고 생각했으며, 법률은 순전히 군주의 도구였고, 군주는 마음대로 법을 제정하고 사용할 수 있다고 여겼다. "군주가 권한을 독단하면 위엄이 되고, 판단을 독단하면 현명해지며, 듣는 것을 독단하면 분명해진다." 이처럼 법률은 군주의 통치 도구 또는 수단으로서만 존재했다. 법가 정신을 수용하여 자신의 왕조 법률을 만들었지만, 레타인똥은 "법률은 국가의 공정한 규범이니 나도 그대들도 모두 따라야 한다"는 관념을 제시했다. 이는 오늘날 우리가 말하는 법치주의 정신을 어느 정도 보여주는 매우 진보적이고 인간적인 정신이라고 할 수 있다.

4) '베트남화' 과정은 강한 실용성을 띤다. 어떤 이론이든 현실과 연결되는 경향이 있다.

공자와 맹자 이후의 유교 조류에 반대하는 극소수의 사람들을 제외하고, 대부분의 베트남 유학자들은 송유(宋儒)의 교리를 완전히 신뢰할 수 있다고 여겼고, 이정(二程)을 공자의 진정한 계승자로 보았다. 특히 응웬 왕조 시대에는 조정이 유교의 역할을 그 어느 때보다 강조했는데 이때 베트남 유학자들은 송유의 사상과 모범을 드러내는 데 힘썼다. 그러나 대부분의 베트남 유학자들은 소옹(邵雍)이나 주돈이(周敦頤)와 같은 역학(易學)적 형이상학 사상이나, 장재(張載), 정호(程顥), 정이(程頤), 주희(朱熹)와 같은 형이상학적 이기론(理氣論)를 깊이 파고들지 않았다. 대신 조정의 이익에 봉사하는 이념적 성격의 사상에 가장 큰 관심을 보였다. 천리(天理)와 인도(人道)에 대한 사상이 베트남 유학자들에게 수용되고 발전되지 않은 것은 아니지만, 궁극적으로 이러한 사상들은 권력을 집중시켜 사회를 통일하고 관리하며, 베트남 민족을 위한 가장 큰 힘을 창출하는 데 봉사했다. 10세기 이전에는 유교가 베트남인에 대한 정신 통치 도구로 사용되었는데(이것은 분명한 효과를 보였다), 독립을 쟁취한 이후 베트남은 유교를 다시 사용했다. 더 정확히 말하자면, 유교를 자신의 이성적이고 강력한 도구로서의 학설로 재구성했다. 유교는 유도(儒道)라고 불렸지만 이 '도'는 노자(老子)의 도나 불교의 도와는 전혀 달랐다. 여기서의 '도'는 신비롭거나 세속을 벗어난 성격을 띠지 않았으며 순수한 윤리적 성격만도 아니었다. 베트남에서 유도는 '이성의 길'이라는 의미로 이해할 수 있다.

베트남 유교가 이념적 목적에 봉사하기 위해 유교는 실용적인 가치에 치우치는 경향을 보였다. 중국 한(漢)나라에서는 관리를 선발하는 다섯 가지 기준(효행, 현량, 방정, 명경, 능문)을 제시했다. 그러나 베트남에서는, 특히 레 왕조 이후에는 능문(能文, 국가 요구에 맞는 글쓰기 능력)이 가장 높은 기준이었다. 명경(明經, 경전에 통달함)은 능문을 위한 것이있다. 실용적 가치에 치우치고 있다는 또 다른 예는 베트남 유학자들이 유교를 간소화한 것이다. 어떤 이들은 중국 문화에 우월주의라 불리는 것이 있어 문학, 예술, 건축에서 사상에 이르기까지 모든 문제를 극도로 복잡하게 만들고, 때로는 극단적이고 난해하게 만든다고 주장하지만, 베트남에서는 전혀 그렇지 않았다. 경전에 집중적으로 표현된 유교의 기본 내용들은 베트남 유학자들에 의해 더 간단한 체계로 재구성되었다. 설약(說約, 간략하게 다시 서술함)이라 불리는 주해서들(베트남에는 '대전'과 같은 책이 없었다)이 등장한 것이 대표적인 예다. 추반안의 『사서설약(四書說約)』, 응웬후이오아인(Nguyễn Huy Oánh)의 『성리찬요(性理纂要)』와 『사서오경찬요(Tứ thư ngũ kinh toản yếu)』, 레뀌돈의 『사서약해(Tứ thư ước giải)』, 팜응웬주(Phạm Nguyễn Du)의 『주훈찬요(Chu huấn toản yếu)』 등을 꼽을 수 있다.

유교를 간소화하고 재구성하여 이성적 도구로 만드는 것은 겉보기에는 유교의 가치를 낮추는 것처럼 보일 수 있지만, 본질적으로는 그렇지 않았다. 비록 일부 학자들은 역사 속 베트남 유학자들이 민족의 철학적 사고를 향상시키는 데 거의 기여하지 않았다고 평가하지만, 다른 한편으로 베트남 유학자들은 현실과 유리된 탁상공론을 피할 수 있었으며, 유교를 간소화하고 끊임없이 재구성함으로써 개방적인 이론 체계와 넓은 사고의 지평을 얻을 수 있었다. 그리고 그 당시 유교는 하나의 도구로서 베트남 유학자들이 유교 외적인 문제들을 생각하는 데 도움을 주었다.

발전 과정에서 베트남 유교는 이론적인 문제보다는 실용적인 문제에 더 중점을 두었다. 유(有)와 무(無), 심(心)과 물(物), 이(理)와 기(氣) 사이의 관계와 같은 문제들은 중국 유교와 각 시대마다 서로 다른 해석을 낳으며 밀접하게 연결되었지만, 베트남 유교에서는 열정적으로 논의되지 않았다. 이와 기 사이의 관계에서 어느 것이 먼저인지에 대한 문제는 18세기에 이르러서야 레뀌돈이 『운대류어』의 '이기' 항목에 수집하고 기록하는 데 관심을 가졌고 그것에 대한 명확한 발언은 20세기 초 판보이처우에 이르러서야 나왔다.

5) 개방적이고 문화적 다원성을 바탕으로, 사상의 절대적 독점을 피하는 경향의 '베트남화'

어린 시절부터 쩐년똥(Trần Nhân Tông)은 비범한 인물이었다. 『삼조실록』에는 쩐년똥이 "성품이 총명하고 학문을 좋아하며 모든 책을 읽고 내전(불경)과 외전(다른 서적)에 통달했다"고 기록되어 있다. 또한 "천문, 역수, 병법, 의약, 음률에 능통하여 그 심오한 이치를 통달하지 않은 것이 없었다."고 한다. 유교와 노장(老莊) 사상 등 다른 사상 체계와의 접촉은 그가 이후 당시의 복잡한 선학(禪學) 사상을 집대성하는 중요한 토대가 되었다. 삼교동원(三敎同源)은 베트남 역사 전반을 관통하는 전통이다. 베트남에서는 리(Lý) 왕조와 쩐(Trần) 왕조 시대부터 숭불앙유(崇佛仰儒)의 경향이 더욱 뚜렷해졌고 점차 베트남 사상사에서 삼교동원이라는 조화를 이루었다. 그러나 이론적 관점에서 도교의 영향은 유교나 불교만큼 크지 않았으며 기본적으로 보면 유교와 불교만이 베트남 전통 사상에 깊은 영향을 미쳤다. 통치자는 불교를 숭상하는 경향이 있었지만 이는 주로 정신적 영역에 국한되었고 재능 있는 선사들의 역할도 활용했다. 반면 유교는 달랐다. 유교는 나라를 관리하고, 대내외 정책과 방향을 제시하고, 조정 제도와 사회 질서를 확립하며, 조정에서 마을까지의 위계질서를 구축하는 데 사용되었다. 대체로 리 왕조와 쩐 왕조는 불교를 숭배했지만, 동시에 유교도 매우 중시하여 유학과 유교 제도를 조정 제도와 사회 제도를 보장하는 도구로 삼은 도이에 군신 제도를 유지하는 이론적, 사상적 토대로 삼았다. 베트남의 삼교동원 사상의 맹아는 2세기 말 모자(牟子)의 『이혹론(理惑論)』을 통해 알려졌다.

『이혹론』의 서문에서 모자는 이렇게 썼다. "불도에 뜻을 두고 노자를 연구하니 현묘함을 아름다운 술로 삼고, 오경을 거문고와 피리로 삼았다 … 세속 사람들은 대부분 알지 못하고, 모자가 오경을 배반하고 이도를 따른다고 여겼다. 사실 입을 열어 그들과 논쟁하는 것도 도리가 아니요, 침묵하는 것은 무능해 보이므로 붓을 들어 성현의 말씀을 인용하여 자신의 생각을 증명하고 해설했다."

리 왕조와 쩐 왕조 시대는 불교가 매우 강력하게 발전하고 사회적 영향력이 컸던 시기다. 따라서 그 시기에 불교와의 상관관계 속에서 유학 교육이 필요했던 이유를 더 설명해야 한다. 이는 두 가지 측면에서 볼 수 있다. 첫째, 정치 사회적 측면에서 볼 때, 불교는 국민 전체를 위한 교육 시스템 또는 기구를 발전시키지 못했지만, 유교의 강점 중 하나는 바로 과거 제도였다. 봉건 시대의 과거 제도는 비교적 진보적이었는데 특히 혈통, 신분, 계급, 성별, 나이를 기본적으로 가리지 않고 모든 남성에게 개방되었다는 점이 특징이었다. 이는 평민과 사회 최빈층에게 신분을 바꿀 수 있는 유일한 기회였다. 동시에, 이는 조정이 글을 아는 사람, 학문을 닦은 사람, 심지어 재능 있는 사람을 선발하여 조정과 지방의 관료 체계에 임명할 수 있는 당대의 가장 객관적이고 효과적인 통로이기도 했다. 둘째, 사회 윤리적 측면, 특히 통치자에게 봉사하는 사회 윤리 측면에서 유교는 불교보다 우월했다. 불교의 궁극적인 목적은 세속을 벗어나 해탈하는 것이었다. 이 세상, 이 삶은 단지 가상일 뿐이며 괴로움의 원인은 과거부터 현재, 미래까지 지속되는 것이었다. 불교와 달리 유교 윤리학은 규범적이었다. 수신(修身)을 강조하는 것 외에도, 기본적 사회 및 가족 관계에서의 수많은 도덕적 기준과 행동 원칙을 제시하여 군주제 사회에서 사회 안정의 요구를 충족시켰다. 이것 또한 당시 국가와 사회가 필요로 했던 요소였다.

1070년 문묘를 세우고 공자와 주공, 사배(四配)의 상을 세우고 72현의 초상을 그려 사계절 제사를 지냈으며 황태자만이 이곳에서 공부하도록 했다. 1075년에는 명경박학과 유학삼장(儒學三場) 시험을 열었다. 1076년에는 국자감을 건설했다. 1086년에는 한림원을 설립했다. 1195년에는 리까오똥이 최초로 삼교 시험을 실시했다. 이러한 사건들을 바탕으로 볼 때, 삼교를 결합하는 것이 처음으로 공식화된 것은 아마도 1195년일 것이다.

레서(Lê Sơ) 시대에는 유교가 특별히 중시되었다. 그러나 당시 유교의 독점은 말 그대로만으로는 이해할 수 없다. 일부 베트남 연구자들은 레서 시대가 한무제가 동중서의 "백가를 파하고 유학만을 높인다"는 제안을 받아들인 한나라 시대와 유사하게 유교를 독점한 시기라고 주장한다. 심지어 베트남 사상사를 연구하는 일부 외국 학자들도 그렇게 말한다. 그러나 더 자세히 살펴보면 그처럼 단순하지 않다. 적어도 이 시기의 위대한 사상가들에게는 불교적 요소가 여전히 뚜렷하고 일정한 영향력을 행사하고 있었다. 예를 들어 응웬짜이의 선불교 사상, 노장의 무위 사상, 또는 정통 유학자였던 레타인똥이 여전히 사찰을 찾아 불교의 풍경을 감상하고 사찰의 이름을 바꾼 것 등이다. 레서 시대 이후, 유교의 방식을 절대적으로 따르는 것은 고집스럽고 시대에 뒤떨어진 것처럼 보였고, 띠리시 이전처럼 주도직인 이데올로기 억할을 하기가 어려웠다. 16세기부터는 사상을 결합하고 이론을 교류하는 경향이 주류가 되었다. 유교와 불교의 기본 원리를 결합하는 것 외에도 일부 사상가들은 유학과 노장, 유교와 도교의 결합을 주장하기도 했다. 또는 젊은 시절 유교를 따르며 나라와 백성을 구하려는 뜻을 세웠다가 말년에 노장 사상으로 돌아가 삶의 탈출구를 찾는 베트남 전통 지식인들의 현상도 드물지 않았다. 이 시기의 사상가들은 유교, 불교, 도교 모두 각자의 장점이 있음을 발견했고, 복잡하고 다양한 객관적 상황에 직면하여 그들 중 많은 사람들이 세 가지 주요 사상 체계를 분리하거나 유일한 학설만을 사상적 도구로 선택할 수 없었다. 지식인들은 베트남 문화를 기반으로 세 가지 주요 학설을 결합하여 당시의 사회적 문제와 인간 문제를 설명하고 해결할 수 있는 완전한 철학 체계를 만들기를 희망했다. 흐엉

하이(Hương Hải)선사는 그러한 주장을 한 사람 중 한 명으로, 그는 이렇게 썼다:

"세상에 이름난 가르침이 셋 있으니,

유교는 나라를 돕고 집을 정돈하며 백성을 다스리네.

도교는 기를 기르고 정신을 안정시키며,

사악한 병을 물리치는 약, 단약을 부지런히 연마하네.

불교는 중생을 제도하여 삼악도의 고통에서 벗어나게 하고,

구현칠조(九玄七祖)가 높은 경지로 초월하도록 돕네.

유교는 삼강오상(三綱五常)을 사용하며,

도교는 오기(五氣)를 지키고 삼원(三元)의 기강을 유지하네.

불교는 사람들에게 삼귀오계(三歸五戒)를 가르치니,

한 수레의 길에 이 셋을 함께 써야 하네."

삼교동원을 주장했지만 18세기의 삼교동원은 리 왕조와 쩐 왕조 시대와는 다른 점이 있었다. 리 왕조와 쩐 왕조 시대에는 동원이 불교를 기반으로 이루어졌다면 18세기에는 유교가 그 핵심 역할을 했다. 찐뚜에(Trịnh Tuệ)는 삼교일원설이라는 글을 썼는데 여기서 그는 삼교가 모두 하나의 근원에서 비롯된 것으로 궁극적인 목적이 동일하다고 제시했다. "유가의 삼재(三才)와 불가의 삼세(三世), 도가의 삼청(三淸)은 하늘에 해와 달과 별이 있는 것과 다르지 않으니 세 다리가 달린 솥처럼 서로 밀접하게 연결되어 분리될 수 없다." 그는 또한 이렇게 단언했다. "누가 삼교가 같지 않다고 하던가? 석가와 노자는 모두 유가의 흐름에 속한다."

『견문소록』에서 레뀌돈은 불교가 "사람들에게 강상도리(綱常道理)를 버리라고 부르지 않는다."라고 단언하며, 불교의 수행은 "자신과 타인 모두에게 좋고, 요컨대 인자한 마음이다"라고 말했다. 응오티시(Ngô Thì Sĩ)는 불교와 도교 모두 공자 성현의 도리 범위 안에 있다고 보았다.

삼교동원은 당시의 주요한 사상적 경향이었지만, 반대 의견이 없었던 것은 아니다. 사상의 풍부함과 다양성은 이를 통해서도 드러난다. 18세기 말의 많은 유학자들(부이즈엉릭(Bùi Dương Lịch), 팜응웬주(Phạm Nguyễn Du), 팜뀌틱(Phạm Quý Thích), 부이꽝빅(Bùi Quang Bích) 등)은 모두 삼교동원 관점에 반대하고 불교와 도교를 비판했다. 응웬 왕조가 유교를 이념적 독점 위치에 놓으려 노력한 것에는 그 이전에 삼교동원을 비판하는 사상적 토대가 있었다. 그러나 베트남 사싱사의 전반적인 흐름, 특히 11세기부터 19세기까지의 시기를 보면 삼교동원이 주류였다. 베트남 유교, 베트남 불교, 베트남 도교가 서로를 수용하고 공유하며 함께 포용하고 발전한 것은 베트남 역사의 주요 특징이자 빛나는 점이다.

베트남에서 유교는 정치사회적 측면을 중시했고, 불교는 생사(生死)와 화복(禍福)의 문제를 해결했으며, 도교는 세속을 벗어나고 싶어하는 사람들에게 고상한 삶의 방식을 제공했다. 일찍이 쩐타이똥(Trần Thái Tông)은 이렇게 말했다:

"유경은 인덕을 베풀라 가르치고, 도경은 사람과 만물을 사랑하고 생명을 아끼라 가르치며, 불교는 살생을 금하는 계율을 지키라 주장한다." 다른 구절에서는 "사람들은 아직 깨닫지 못하여 삼교를 헛되이 나누지만, 그 근본을 통달하면 하나의 마음임을 깨닫는다"고 썼다. 또한 베트남 사상가들은 인간, 인간의 운명, 인간의 행복, 그리고 인간을 완성하기 위한 수양의 길에 대해서도 매우 관심을 가졌다. 이것은 또한 베트남 삼교의 공통점이다. 유, 불, 도 삼교는 모두 스스로를 수양하기 위한 인간 본성의 필요충분조건을 깊이 신뢰했다. 형이상학적 측면에서 인간의 본성에는 이미 도, 불성, 또는 성현이 내재되어 있다. 따라서 우리는 잠재적으로 성현이고, 진인(眞人)이며, 부처이다. 바로 이러한 형이상학적 토대가 삼교를 연결하는 견고한 끈 중 하나이다.

문화와 사상의 측면에서, 어떤 한 틀에 고집하면 도태될 수 있다. 반대로 사상과 문화에 개방적이면 진보적이고 열린 시각을 갖게 된다. 베트남 역사에서 진정한 개혁가는 박식하고 아는 것이 많은 사람뿐만 아니라, 서로 다른, 심지어 상반되는 사상들을 융합할 수 있는 사람이었다.

6) 외국 사상과 문화를 수용할 때 극단적이지 않고 비판적 정신을 갖는다.

유교, 불교, 도교는 모두 완전한 이론 체계를 구축했으며 자신의 진리성과 더불어 그 진리의 절대적 독점성을 주장하고자 했다. 삼교의 창시자들은 어떤 식으로든 자신의 학설에 대한 절대적인 올바름과 독점성을 단언했다.

유, 불, 도는 모두 베트남에 유입된 외래 종교이자 이데올로기 체계다. 그러나 이 삼교는 베트남화되어 베트남 유교, 베트남 불교, 그리고 다양한 형태의 베트남 도교로 변모했다. 베트남 유교, 베트남 불교, 베트남 도교는 단순히 각 학설의 내용, 사상 구조, 가치 체계에서 중국 유교, 중국 불교, 중국 도교와 다른 것이 아니라, 베트남 문화 환경에서 삼교가 어떻게 결합하고 교류하는가 하는 방식에 차이가 있다. 중국에서도 '삼교동원', '삼교일원', '삼교합일'을 언급했지만, 이러한 요구의 배경은 한무제가 법가와 유가를 함께 중시하며 '백가를 파하고 유학만을 높인다'는 정책을 내놓은 사건에 기반한다. 한 이데올로기 체계가 특정 역사적 시기에 독점되거나 '국교'가 되는 것은 중국에서 실제로 있었던 일이다. 이와 달리 베트남은 봉건 시대 내내 특정 이데올로기 체계가 절대적으로 독점되어 다른 사상 체계나 가치 체계를 배제한 적이 없었다는 점에서 차이가 있다.

베트남 유학사에서 14세기에 송유(宋儒)를 비판하는 현상이 나타난 것은 이례적인 일이다. 이러한 현상을 일으킨 인물은 호뀌리(Hồ Quý Ly)였다. 그는 일련의 대표적인 송유학자들을 비난하고 배척했다. 그의 『명도(明道)』14편이 이러한 관점을 보여준다. 이 작품은 소실되었지만, 그 주요 사상은 여전히 남아있다. 레 왕조의 사관이 쓴 『대월사기전서』에는 호뀌리가 한유(韓愈)를 '도유(盜儒, 유교를 훔친 자)'라 했고, 주돈이, 정호, 정이, 양시, 라중소, 이연평, 주희 같은 무리들은 "학문은 넓으나 재능은 적고, 실제에 부합하지 않으며, 옛사람들의 문장을 베끼는 데만 능하다."고 평가했다고 기록되어 있다. 이것은 매우 드문 현상이었다. 불행하게도 명의 침략이 이러한 사고의 발전 방향을 중단시키고 말았다. 레서(Lê sơ) 시대에는 사람들이 호뀌리를 '경솔하고' 자신의 힘을 알지 못한다고 비판할 뿐이었다. 호뀌리의 사상과 같은 경향은 그 후 다시 나타나지 않았다.

어떤 이들은 호뀌리의 현상이 단지 중국 강절 지역의 어떠한 사상적 조류를 모방한 것이라고 주장한다. 그러나 사실은 그렇지 않다. 당시 중국에는 그러한 사상 조류가 없었다. 만약 있었다면 17세기 말에서 18세기 초 중국의 실학(實學) 운동에서나 비슷한 현상이 나타났다고 할 수 있다. 그것은 오직 14세기 말의 베트남인 호뀌리라는 인물의 독특한 정신적 산물이었다. 그는 현실을 직시하고 '인정(人情)을 이해하는' 자신만의 의견을 과감하게 표명했다. 시니엡(Sĩ Nhiếp, 土燮)이 '남교학조(南交學祖)'로 칭송받고 적지 않은 사람들에게 칭찬을 받았지만, 뜨득(Tự Đức)제는 냉정하게 다음과 같은 평가를 내렸다.

"시니엡은 단지 한나라의 태수(太守)에 불과하며, 시류에 따라 아첨하고 자신을 안전하게 지키려 했을 뿐, 뛰어난 모략이나 재능이 없었다. 그래서 두 세대 만에 나라가 망했는데 칭찬할 만한 것이 무엇인가!"

이렇게 본다면 베트남 사람들이 삶과 사상사에서 외래의 사유를 받아들이는 경향이 어떠한가를 짐작할 수 있을 것이다. 더 많은 연구가 이루어져야 하겠지만 마르크스·레닌주의를 받아들여 도이머이를 진행하는 과정에서도 이러한 흐름은 저변에서 작동하고 있다고 생각한다.

호치민이라는 인물이 민족을 중시했는지, 코민테른과 사회주의를 중시했는지는 중요하지 않다. 애초에 호치민의 삶은 이런 질문과는 무관했다. 그의 불변하는 목표는 민족의 독립과 자유와 인민의 행복이었다. 암울하고 불가능해 보이는 이 길에서 호치민은 프랑스에서 사회주의를 보았고, 식민지 독립과 해방을 지원하는 레닌의 실천적 이론을 보았다.

그래서 그는 『혁명의 길』을 썼다. 불가능을 가능으로 만든 역사가 곧 혁명이다. 베트남 혁명의 가장 근본적 동력은 사회주의 이념이 아니라 외세의 지배에서 벗어나서 독립과 자유를 누리려는 강한 민족적 열망이었다.

베트남에서 '주의'라고 한다면 '나라사랑주의' 혹은 '애국주의'가 먼저 떠오른다. 그 다음 마르크스나 레닌의 주의, 혹은 사회주의가 떠오른다. 호치민은 '주의'가 아니라 사상이다.

호치민에 관해 공부하겠다고 찾아간 호치민정치학원에서 B 교수가 건넨 말이다. 호치민은 주의가 아닌 사상이라고. 그 말은 나중에 베트남 사상을 이해하면서 새롭게 내가 이해하게 된 개념이었다. 인민의 삶 속에 살아 있는 것으로서의 사상. 랑박(Lăng Bác)에 쓰여 있는 '호치민 주석은 우리의 삶에 영원히 살아 있다'라는 문구가 그것이다.

호치민 스스로 교조주의를 멀리했다. 베트남 사상가라면 결코 교조
주의자가 될 수 없다. 인민의 삶과 긴밀하게 연관하면서 사상을 형성하
기 때문이다.

호치민은 이론이 실제 현실의 지침이 되어야 하며 이론과 실제는 항
상 일치함을 유지해야 한다고 보았다. 딱딱하게 고정된 일치가 아니라
태극과 같은 상태를 말함이다. 이러한 상태를 유지하기 위해서는 살아
서 유연해야 한다.

호치민은 베트남 혁명의 가장 큰 동력을 대단결에서 찾았다. 가난한
나라에서 인민의 힘 밖에 무엇이 더 있겠는가? 인민의 힘을 보지 못하
고 뿌리내리지 못한 지식인의 사상은 외세의 바람에 힘없이 떨어져 나
갔다. 호치민은 모든 애국 세력을 민족해방이라는 하나의 목표 아래 묶
어 통일전선을 형성했다.

외세에 맞서 싸우기 위해 모든 인민의 힘을 하나로 모았던 대단결의
논리는 전쟁 후 재건과 가난을 벗어나기 위한 새로운 길에서도 동력이
되었다. 호치민은 베트남사상사에서뿐만 아니라 도이머이의 사상적 토
대를 살펴보는 데 우리가 가장 주목해서 보아야 할 인물이다. 하지만 그
의 삶 자체가 곧 베트남의 근현대사이기 때문에 따로 연구를 진행할 필
요가 있다.

호치민 사상은 베트남이 미래로 흐르는 길마다 놓여 있는 이정표 역할을 하고 있다. 호치민 사상의 본바탕이 베트남의 고유한 사유의 흐름을 계승하고 발전시켰기 때문에 가능한 일이다. 베트남은 전통적 촌락 공동체가 만들어 낸 현실적이고 실용적인 사상의 흐름이 있었다. 비록 민족도 다르고 자연환경도 다른 남과 북이었지만 베트남은 아슬아슬하게 남북이 통합의 길을 걸어갈 수 있었다.

이런 점에서 보면 도이머이는 베트남 사상사에서 늘 진행되어 온 사유의 한 형태이다. 이론도 완벽하게 명석판명하게 머무르지 않고, 실천은 더욱 그렇다. 실제 현실이 그렇기 때문이다.

베트남의 독립은 외부의 어떠한 세력의 선의에 기대어 이루어질 수 없음이 확실했다. 베트남 인민의 대다수인 농민이 혁명의 원동력이자 주체가 되어야 했다. 온갖 수탈과 토지상실에 대한 분노를 민족의 독립이라는 목표와 결합시켜야 했다. 이 때문에 베트남의 독립투쟁에서 민족 문제는 계급 문제보다 조금 앞서서 언급되었다. 식민지하에서 베트남 사람은 모두 노예였다. 심지어 프랑스인의 앞잡이라 할지라도 그렇다. 그러므로 이러한 상황에서 민족문제와 계급문제가 우선순위에서 첨예하게 대립할 필요는 없었다.

하노이는 요동치고 있었다. 2025년 8월. 다시 8월혁명처럼, 시가지 곳곳에 베트남인민군의 행렬이 이어졌다. 9월 2일 해방 80주년을 맞은 열병연습이라지만, 1945년 그때처럼 수많은 군중은 환호했다.

여름, 갑작스럽게 바람이 불고 쏟아지는 폭우는 한낮 더위를 식혔다. 수백 개의 크고 작은 호수가 도시의 숨골이었다. 건물은 높아지고

하노이 거리: 해방 80주년을 기념하는 인파로 가득 찼다. 8월혁명을 재현하는 열병식이 거리 곳곳에서 이루어졌다. 열병식을 보기 위해 지방에서 올라 온 가족 단위 여행객들이 내가 머물던 호텔에도 가득 찼다.

물에 잠긴 하노이: 예나 지금이나 치수는 베트남에서 생존이 걸린 문제다. 예전 하노이에 머물 때 홍강이 범람하자 도시 곳곳이 물에 잠겨 며칠 동안 고립되고 말았다. 하노이는 최근 들어 기상이변과 더불어 갑작스러운 비로 도시 곳곳의 도로가 침수되고 있다.

도시는 점점 발전했다. 호수들은 이제 물골의 기능이 아닌 도시를 꾸미는 한 요소였다. 그래서 도로는 쉽게 물에 잠긴다. 물이 들고 나던 골들이 사라진 탓이다.

2005년 겨울날 이른 아침, 하노이를 처음 갔을 때였다. 그때까지 느껴보지 못한 진동을 느끼면서 잠이 깼었다. 잔뜩 흐리고 약한 빗방울이 날리는 하노이의 겨울날이었다. 창가에 서서 밖을 보자, 그 진동은 많은 오토바이 출근길 행렬에서 우러나고 있다는 것을 알게 되었다.

20년이 흘렀다. 2025년 8월 30일 비가 내리는 하노이의 저녁. 도로 곳곳이 통제된다는 소식에 외곽지에 숙소를 잡았다. 그 근처 베트남사회과학한림원이 있는 리에우자이(Liễu Giai) 거리였다. 그런데 이 거리도 열병식으로 통제가 되었다. 도로 건너편에서 저녁 약속이 있었다. 5

전람회 사회과학한림원: 베트남사회과학한림원도 전람회의 한 구역을 차지하고 있었다. 둘러보다가 우연히 철학원의 젊은 연구원을 반갑게 만나기도 했다. 베트남의 미래를 열어 갈 실천적 이론을 이들이 어떻게 마련할 것인지 걱정과 기대가 교차했다.

시가 조금 지난 시간. 밤 10시에 열리는 열병식을 보기 위해 이미 인도에는 사람들이 자리를 펴고 앉아 있었다.

2025년 8월에 1945년 8월혁명의 과정을 하노이 거리에서 재현한다. 이제 다시 혁명의 필요성을 느낀다는 것이겠다. 그래서 '새로운 기원', '독립-자유-행복', '호치민' 등이 부각되면서 등장한다. 마르크스·레닌주의는 이제 호치민 사상으로 베트남화 된다. 80년 지독한 전쟁과 실패를 겪으면서 도이머이를 통해 발전을 이루었다.

80년간의 성과를 전시하는 대규모 전람회도 열렸다. 베트남사회과학한림원도 한 부스를 차지하고 있었다. 잔뜩 그간의 성과물로 책들을 전시하고 있었다. 다른 화려한 부스에 비해 사람들의 발길은 뜸한 편이었다. AI로봇과 각종 최신의 무기체계를 비롯한 다양한 볼거리들이 가

전람회 모습(위): 외세의 침략에 맞서 "독립과 자유보다 더 귀한 것은 없다"는 호치민의 구호는 이제 외세의 침략에 맞선 독립과 자유가 아닌 도이머이의 길에서 다시금 되뇌는 화두가 되었다. **전람회장(아래)**: 하노이 인근에 새로 들어선 전람회장은 규모가 아주 컸다. 아이들과 함께 온 가족 단위의 관람객이 대부분이었다. 신이 난 아이들의 표정과 사람들의 얼굴은 자부심이 가득 피어난 모습이었다.

전람회 보건복지부(위): 하이트엉란옹 레흐우짝(Hải Thượng Lãn Ông Lê Hữu Trác, 海上懶翁 黎友晫, 1724-1791)은 베트남의 전통 의학을 정립한 남의(南醫)의 시조로 추앙받는 인물이다. 부와 명성보다 인술(仁術)을 내세우며 가난하게 살아간 그는 중국과는 다른 베트남 의학의 특징과 남방의 약재 등을 체계화한 저술을 남겼다. **야외 전람회(아래)**: 베트남의 수도 하노이는 '혁명과 평화'라는 두 가지 중요한 역사적 상징을 지닌 도시다. 1999년 7월 16일 수많은 외침에도 결국 다시 평화를 이룬 이 도시는 아시아 최초로 유네스코 공인 '평화를 위한 도시City for Peace'로 거듭난다. 사진은 야외 전람회에 전시된 무기와 하노이 깃대 모형.

득했다. 베트남의 자긍심. 이제 자긍심을 가지고 앞으로 나아가자는 의미를 담고 있었다. 지난 80년간 굶주림과 고난의 길을 걸었다면 이제 새로운 길을 걸어가자는 뜻이었다. 그래서 나이가 지긋한 여성들은 종종 눈시울을 붉혔다. 각 정부기관과 성에서도 그간의 성과물을 눈앞에 보여주고 있었다. 발전상과 미래로 향하는 길을 제시하고 있었다.

전람회장에서 한국의 보건복지부에 해당하는 베트남의 부서가 80년 성과를 전시하는 공간이 있었다. 그 부스 입구에는 동상이 세워져 있고, 한자로 된 의학서와 혈자리와 경락을 표현하고 있는 조그만 인물상이 같이 전시되고 있었다. 동상의 인물은 18세기 하이트엉란옹(Hải Thượng Lãn Ông). 남방의학의 시조로 추앙받는 인물이다. 베트남은 도이머이 뿐만 아니라 여러 면에서 강하게 자신들의 전통을 계승하고 있다는 인상을 받게 된다. 즉 종시성(終始性)을 현실에서 실현한다. 그 앞에서 나는 베트남 보건부가 어떤 길을 가려는지 곰곰이 생각해 보았다.

2010년 무렵 내가 근무하던 하노이대학교는 아침 7시 무렵에 강의를 시작했다. 더운 낮에는 쉬어야 하기 때문이다. 하루는 학교 정문으로 들어서는데 조그만 쌀국수 집에서 낮은 플라스틱 의자에 앉아 두 사람이 아침 식사로 쌀국수를 먹고 있었다. 한 사람은 이 대학교의 총장이었고, 옆 사람은 정문 수위아저씨였다. 나의 뇌리에 남아 있는 한 장면이다.

무등의 사유는 대동사회를 만드는 기본이다. 무등의 사유 없이 대동사회는 이루어질 수 없다. 차이와 차별, 계급을 강조하는 사회에서는 그들만의 세계가 우리의 세계와 지극히 혹은 은근히 분리된다.

어느 날 수업이 끝나고 한국어과 학생들이 가볍게 생맥주를 한잔 하자고 했다. 학과 대표가 사회를 보고 어느 곳으로 가야 하는지에 대한 논의가 시작되었다. 그렇게 거의 한 시간 동안 논의가 이어졌다. 맛과

값, 분위기 등 온갖 의견들이 제시되었다. 사실 그렇게까지 논의를 해야 하는가 싶었다. 그런데 논의 과정에는 어떠한 결정을 하더라도 반대의견을 제시하던 사람들이 수긍할 수 있도록 통합하는 노력들이 숨어 있었다. 결국 한 장소가 정해지자 모두가 아무런 불만없이 따라 나섰다. 불만은 이미 논의과정에서 해소되었기 때문이다.

베트남에서 공론화는 공동의 이익에 초점을 맞추어서 논의하는 것이 오래된 문화다. 공동의 이익이 기준이 되는 것이다. 이는 마을회의의 공론화 과정에서도 나타나는 것이다. 도이머이 과정에서도 이러한 문화를 엿볼 수 있다. 인민의 삶에서 비롯한 구체적 요구와 움직임이 위에서 정책의 방향을 찾는 데 기준이 되고 소통하며 함께 움직여 나가는 모습은 지금까지 이어지고 있는 베트남 사회의 중요한 공론 문화다. 이렇게 결정된 일이라면 당연히 인민의 지지를 받고 그 원동력을 바탕으로 국가의 정책은 실패를 두려워하지 않고 적극적으로 나아가게 된다.

1945년 8월혁명으로부터 80년이 되는 2025년. 독립-자유-행복(Độc lập - Tự do - Hạnh phúc)이라는 베트남 혁명의 구호가 다시금 울려 퍼지고 있다. 1986년 이후의 도이머이는 실험과 조정의 시대였다. 그러나 이제 2025년, 베트남은 실험의 단계를 넘어 자신의 독자적 노선을 굳건히 걸어가겠다는 선언이다. 아세안 경제의 중심 국가로 성장했고, 국제 무대에서도 독립적 외교를 펼치고 있으며, 인민의 생활 수준도 크게 높아졌다. 도이머이는 단지 위기를 돌파하는 생존의 몸부림이 아니라, 호치민 사상을 토대로 독립-자유-행복을 실현하는 본격적인 시대로 접어들겠다는 선언이다. 양적 발전의 단계를 넘어 질적 도약의 길로 나아간다는 의미이다.

베트남의 길은 한국에도 깊은 성찰을 제시한다. 베트남은 분단과 전쟁을 겪었지만, 결국 민족적 독립과 통일을 우선시했다. 한국도 이념의 차이보다 민족 공동체의 존속과 평화라는 불변의 가치를 다시 새겨야 할 때가 반드시 올 것이다. 베트남은 냉전 속에서도 자율적 실험과 대나무의 유연함으로 자신의 길을 찾았다. 그럴 수 있었던 이유는 베트남 사람들이 함께 어우러져 거대한 대나무 숲을 이루었기 때문이다. 한국 역시 국제 질서의 격변 속에서 꺾이지 않는 뿌리와 유연한 줄기를 동시에 가져야 한다. 사상은 인민의 삶 속에서 호흡하는 지혜일 때에만 미래를 여는 힘이 될 수 있다.

자본주의적 흐름이 그동안 경쟁과 갈등을 조장하면서 한국사회를 발전시켰다면, 이제는 그 흐름이 한국사회를 절망시키고 있다. 분단 상황은 우리의 사유와 생활을 여전히 제한한다. 자신의 이익에 맞지 않은 자에게 반대편의 색깔을 칠한다. 그리고 그게 여전히 통한다. 공공의 이익보다는 개인의 이익을 중시하는 풍조가 점점 더 짙어진다.

다시 생각해보면 우리는 지금 한민족 반만년 역사에서 가장 치욕스러운 역사의 시간을 보내고 있다. 한민족 뿌리로부터 분단을 넘어 개벽의 새로운 문명을 열어 나가야 한다.

1945년 8월, 하노이에서 시작된 민족 해방의 물결은 베트남을 프랑스와 일본의 이중 지배에서 벗어나게 했다. 이는 정치적 해방이었다. 그리고 1986년, 도이머이 개혁은 베트남을 굶주림과 국제적 고립에서 구해냈다. 이는 경제적 해방이었다. 이제 베트남은 새로운 질문 앞에 서 있다. 정치적 해방과 경제적 해방을 넘어, 이제는 어떤 길을 가야 하는가? 베트남이 한국을 주목하는 이유 가운데 하나다. 베트남이 직면한 과제는 '사회주의'라는 이념의 외피를 넘어, 진정으로 베트남적인 사상을 정립하는 것이다. 이는 서구의 민주주의를 무비판적으로 수용하지 않고, 자신들의 역사와 문화, 그리고 인민의 삶 속에서 새로운 길을 모색하는 것을 의미한다.

흥미로운 점은, 베트남이 겪고 있는 이러한 고민이 한국의 현실과도 유사하게 맞닿아 있다는 것이다. 한국 역시 서구에서 들어온 '자본주의'라는 체제를 받아들여 눈부신 경제 성장을 이루었다. 그러나 오늘날 한국 사회는 극심한 경쟁과 양극화, 그리고 전통적 가치관의 혼란 속에서 새로운 길을 찾고 있다. 이념과 체제의 한계에 대한 질문은 한국과 베트남 모두에게 던져진 공통의 과제다. 한국과 베트남 모두 반만년 민족의 뿌리로부터 피워 낸 문명, 서구의 이념을 넘어선 새로운 아시아문명을 열어 나가야 할 개벽의 길, 도이머이의 길을 창조적으로 끊임없이 찾아 나서야만 한다.

〈단행본〉

고다인주온외(편집부 옮김), 『베트남혁명과 마르크스주의 철학』, 일월
　　　서각, 1988.

국립중앙박물관, 『붉은강의 새벽』, 국립중앙박물관, 2014.

권오영, 『해상 실크로드와 동아시아 고대국가』, 세창출판사, 2020.

김성범, 『베트남사상으로의 초대』, 푸른사상, 2019.

김성범, 『베트남사상가 응웬짜이』, 동아피앤씨, 2022.

김한식, 『동남아시아』, 한국학술정보, 2005.

듀커 외, 박성식 엮음, 『베트남혁명 연구』, 도서출판 세계, 1986.

매리 하이듀즈(박장식·김동엽 공역), 『동남아의 역사와 문화』, 솔과학,
　　　2012.

버나드 B. 폴 엮음(김대건 옮김), 『호찌민의 베트남혁명론』, 거름, 1987.

오구라사다오(박경희 역), 『베트남사』, 일빛, 1999.

윌리엄 J. 듀이커(정영목 옮김), 『호치민평전』, 도서출판 푸른숲, 2003.

유인선, 『베트남과 그 이웃 중국』, 창비, 2012.

유지열 편역, 『베트남 민족해방 운동사』, 이성과현실, 1986.

응웬따이트(김성범 옮김), 『베트남사상사』, 소명출판, 2018.

이마가와 에이치(今川瑛一) 지음(이홍배 옮김), 『동남아시아 현대사와

세계열강의 자본주의 팽창』(상권), 異彩, 2011.

이승헌, 『남베트남 민족해방전선 연구』, 고대아세아문제연구소, 1970.

쟝 라꾸뛰르(아시아·아프리카·라틴아메리카 연구원 옮김), 『베트남의
   별』, 소나무, 1988.

조흥국, 『동남아시아의 역사와 문화』, 소나무, 2019.

진보윤일랑(조성을 옮김), 『베트남 현대사』, 미래사, 1986.

찰스펜(김기태 옮김), 『호치민 평전』, 자인, 2002.

최병욱, 『베트남 근현대사』, 산인, 2016.

판보이쩌우, 김용태 외 옮김, 『판보이쩌우 자서전』, 소명출판, 2022.

필립 랑글레(Philippe Langlet)·꽈익 타인 떰(Quach Thanh Tam)(윤
   대영 옮김), 『베트남현대사: 통일에서 신공산주의로』, 진인진,
   2017.

최정호, 「1979년 중국-베트남 전쟁 연구」, 연세대학교 박사학위논문,
   2018.

클라이브 크리스티(노영순 옮김), 『20세기 동남아시아의 역사』, 심산,
   2004.

한상도, 『한국독립운동과 동아시아 연대』, 역사공간, 2021.

한형식, 『마르크스 철학 연습』, 파주, 도서출판 오월의 봄, 2019.

후루타 모토오(古田元夫)(이정희 옮김), 『베트남, 왜 지금도 호찌민인
   가』, 학고방, 2021.

히가시 다이사쿠(서각수 옮김), 『적과의 대화』, 원더박스, 2018.

Currey, Cecil B., Nguyễn Văn Sự dịch, *Chiến thắng bằng mọi*
   giá, Nxb. Thế giới, 2013.

Đào Xuân Sâm, Vũ Quốc Tuấn chủ biên, *Đổi Mới ở Việt Nam nhớ lại và suy ngẫm*, Nxb Tri Thức, 2008.

Đặng Phong, *Phá Rào trong kinh tế vào đêm trước Đổi Mới*, Nxb Tri Thức, 2015.

Đảng Cộng Sản Việt Nam, Văn Kiện Đảng toàn tập, tập 14 (1953), Nxb. Chính Trị Quốc Gai, Hà Nội, 2001.

Đức Vượng, *Việt Nam từ thời kỳ Bao cấp đến thời kỳ Đổi Mới*, Nxb Chính trị Quốc gia, Hà Nội, 2014.

Lê Sỹ Thắng, Trung Tâm KHXH và NV QG, Viện Triết Học, *Lịch Sử Tư Tưởng Việt Nam* (Tập 2), Nxb Khoa học xã hội, Hà Nội, 1997.

Lê Thị Lan, *Tu tưởng Cải cách ở Việt Nam nửa cuối thế kỷ XIX*, Nxb Khoa học xã hội, Hà Nội, 2002.

Ngô Đức Thịnh, *Hồ Chí Minh tiểu sử*, Nxb. Chính trị Quốc gia, Hà Nội, 2008.

Nguyễn Hùng Hậu, *Lược khảo tư tưởng thiền trúc lâm Việt Nam*, Nxb Khoa học xã hội, Hà Nội, 1997.

Nguyễn Ngọc Hà, *Triệt lý của Đổi Mới ở Việt Nam*, Nxb. Khoa học xã hội, 2024.

Phạm Văn Đồng, *Văn Hóa và Đổi Mới*, Nxb. Chính trị quốc gia, Hà Nội, 1994.

〈논문〉

구범진, 「명 영락제의 베트남 침공(1406-1407)과 『명태종실록』의 기록

조작」, 『명청사연구』61, 2024, 1-32쪽.

김인규, 「동남아시아 청동북의 기원과 전개」, 『동북아문화연구』27, 2011, 427-440쪽.

김종욱, 「20세기초 베트남 신유학자의 반불식민항쟁운동에 관한 일 고찰: 판보이쩌우와 판쭈찐 사례를 중심으로」, 『베트남연구』 17(2), 2019, 51-81쪽.

김종욱, 「도이머이 이후 베트남의 민주화 과정에 관한 고찰」, 『베트남연구』10, 2010, 8-27쪽.

김종욱, 「19세기말 베트남 근왕(勤王)운동의 실패 원인에 관한 재고찰」, 『동남아연구』21(2), 2011, 137-179쪽.

김현재, 「17-19세기 초 화인의 베트남 남부로 이주와 사이공의 형성」, 『동남아연구』22(1), 2012, 101-126쪽.

노영순, 「분단전기(1954년-1963년) 베트남 통일문제」, 『아세아연구』 50(3), 2007, 6-37쪽.

박금표, 「베트남 근대화에 미친 불교의 영향」, 『선학』26, 2010, 555-600쪽.

박순교, 「월남 이조 古法(Cổ Pháp)과 Đền Đô(都殿)」, 『동아인문학』 66, 2024, 331-374쪽.

송정남, 「프랑스의 베트남 식민지 개발」, 『부산사학』38, 2000, 45-74쪽.

양길현, 「한국의 경제발전 경험과 베트남의 도이모이」, 『한국과 국제정치』10(1), 1994, 209-235쪽.

오홍국, 「호찌민과 호찌민루트를 통해 무엇을 배울 것인가?」, 『베트남연구』15, 2017, 67-93쪽.

유인선, 「베트남의 도이머이 정책과 베트남사의 재해석」, 『동남아시아

연구』3, 1994, 1-26쪽.

윤대영, 「식민지 베트남의 '열린'바다: '근대' 하이퐁의 형성과 굴절」, 『동
　　　양사학연구』127, 2014, 137-180쪽.

윤충로, 「20세기 한국의 대 베트남 관계와 인식: 1945년 해방 이후를 중
　　　심으로」, 『사회와 역사』97, 한국사회사학회, 2013, 251-285쪽.

이강우, 「도이머이 이전 베트남 경제의 이중구조와 인민들의 생존 방식
　　　에 대한 연구」, 『국제지역연구』14(2), 2010, 215-236쪽.

이강우, 「도이머이시대의 베트남국영기업 개혁과정」, 『베트남연구』4,
　　　2003, 105-129쪽.

이범준, 「베트남공산주의운동의 기원과 전개」, 『동아연구』9, 1986,
　　　303-345쪽.

이정희, 「1927년 하이퐁 화교 배척 사건의 발단, 전개, 대응의 제 양상」,
　　　『동양사학연구』158, 2022.3, 327-365쪽.

이한우, 「베트남 '도이머이'시기 정치체제 변화: 사회적 도전과 당-국가
　　　의 대응」, 『신아세아』17(4), 2010. 겨울, 160-190쪽.

이한우·최호림, 「도이머이 정책과 사회문화적 변화」, 한국방송학회 세
　　　미나 및 보고서, 2003.12, 89-100쪽.

정동준, 「도이머이 개혁 이후 베트남의 시민사회: 정치 참여와 민주
　　　적 가치에 미치는 영향을 중심으로」, 『동서연구』30(1), 2018,
　　　265-297쪽.

정재현, 「'남쪽 너머'에서 본 중일전쟁(1937-1940)」, 『프랑스사연구』52,
　　　한국프랑스사학회, 2025. 189-221쪽.

조흥국, 「동남아시아에 대한 유럽 식민주의의 동기와 영향」, 『동남아연
　　　구』20(1), 2010, 191-231쪽.

최병욱, 「20세기 통일 베트남 만들기: 지역주의의 충돌과 극복」, 『한국학연구』18, 인하대학교 한국학연구소, 2008. 5, 301-328쪽.

최병욱, 「19세기 전반 베트남 제국(帝國)의 국제질서」, 『동남아시아연구』21(1), 2011, 249-286쪽.

최정호, 「1979년 중국-베트남 전쟁의 영향: 중국의 해군력 강화를 중심으로」, 『중국연구』102, 한국외국어대학교 중국연구소, 2025. 3, 123-148쪽.

Nam C. Kim, 김용하 역, 「고대 베트남과 중국 간 교류」, 『東洋學』제83집(2021. 4), 단국대학교 동양학연구원. 331-348쪽.

〈인터넷자료〉

https://archives.org.vn/tin-noi-bat/nguyen-trung-truc-nguoi-anh-hung-dan-chai-ao-vai.htm

https://archives.org.vn/gioi-thieu-tai-lieu-nghiep-vu/den-ba-kieu-ngoi-den-thieng-ben-ho-hoan-kiem.htm

https://baobinhphuoc.com.vn/news/1/21234/khu-tuong-niem-co-thu-tuong-vo-van-kiet-diem-den-cua-du-khach-ve-nguon

https://baolaichau.vn/chinh-tri/ky-uc-ve-cuoc-chien-dau-bao-ve-bien-gioi

https://baolaocai.vn/45-nam-cuoc-chien-dau-bao-ve-bien-gioi-phia-bac-to-quoc-1721979-1722024-ven-nguyen-loi-the-ve-quoc-post425557.html

https://chuthapdoquangninh.org.vn/phong-trao-dong-khoi/

https://www.chosun.com/site/data/html_dir/2015/02/13/
2015021300357.html

https://www.chungta.com/nd/tu-lieu-tra-cuu/nguyen-lo-
trach-nha-cai-cach-nha-tho.html

https://dantri.com.vn/van-hoa/den-tho-co-tong-bi-thu-
le-duan-giua-long-ho-ke-go-20220709122718637.htm

https://dantri.com.vn/doi-song/chuyen-vua-meo-ket-
nghia-anh-em-voi-bac-ho-hien-tang-cach-mang-9kg-
vang-20250810103335954.htm

https://dantri.com.vn/print-1336147617.htm

https://dantri.com.vn/thoi-su/gap-lai-chien-si-duy-
nhat-con-song-cua-trung-doi-anh-hung-mai-quoc-
ca-20180430061000777.htm

https://dantri.com.vn/thoi-su/hinh-anh-nhung-chien-si-
giao-buu-thong-tin-lien-lac-mot-thoi-nem-mat-nam-
gai-20160827164609681.htm

https://danviet.vn/lang-co-noi-phat-tich-vuong-trieu-ly-
nguoi-phu-nu-ngheo-duoc-vua-ly-thai-to-phong-thai-
hau-20230215192410744-d1075392.html

https://danviet.vn/bi-an-xa-loi-phat-hoang-an-sau-
trong-bao-thap-vua-duoc-unesco-cong-nhan-la-di-san-
the-the-gioi-d1347816.html

https://dsvh.gov.vn/di-tich-lich-su-nha-tu-con-dao-2956

https://giacngo.vn/tphcm-trong-the-khanh-thanh-congtrinh-tuong-dai-bo-tat-thich-quang-duc-post10542.html

https://hcmcpv.org.vn/tin-tuc/vang-danh-rung-sac-
nhung-chien-cong-hien-hach-cua-doan-10-anh-
hung-1491853889

https://huongduongtxd.com/huunghimatainamquan.pdf

https://nhandan.vn/dai-tuong-vo-nguyen-giap-voi-
nhung-mua-dong-ha-noi-dang-nho-post514171.html

https://nhandan.vn/chuyen-ben-lan-na-lua-post539565.
html

https://nhandan.vn/ngay-1641975-giai-phong-thi-xa-
phan-rang-va-toan-tinh-ninh-thuan-post872744.html

https://nld.com.vn/thoi-su-trong-nuoc/vieng-mo-co-thu-
tuong-vo-van-kiet-cuoi-nam-20110129113137874.htm

https://nld.com.vn/van-nghe/nhung-nguoi-giu-dat-
nguyen-trung-truc-nguoi-nhap-hon-cung-dat-
nuoc-20230401205119852.htm

https://nongnghiepmoitruong.vn/suc-song-nong-truong-
46-nam-kien-thiet-vung-lung-bau-song-hau-d766577.
html

https://phatgiao.org.vn/lich-su-cua-chua-bao-thien-nha-
tho-lon-ha-noi-va-toa-kham-su-d23268.html

https://www.phattuvietnam.net/chiec-xe-cho-bo-tat-
thich-quang-duc/

https://phunuxudua.bentre.vn/chi-tiet-tin?/huyen-thoaioi-quan-toc-dai-/49834740

https://www.qdnd.vn/quoc-phong-an-ninh/chien-thang-
dien-bien-phu-moc-son-lich-su/dien-bien-hom-nay/
tuong-dai-chien-thang-dien-bien-phu-diem-den-cua-
chien-thang-va-hoa-binh-771459

https://www.qdnd.vn/chinh-tri/cac-van-de/tong-bi-thu-
le-duan-nguoi-cong-san-kien-cuong-nha-lanh-dao-
xuat-sac-cua-dang-ta-813532

http://quocphongthudo.com.vn/thoi-su-chinh-tri/the-gioi/
phong-trao-dong-khoi-tieng-sung-bao-hieu-su-sup-do-
tat-yeu-c.html

https://suckhoemoitruong.com.vn/ngay-moi-o-nong-
truong-song-hau-23781.html

https://www.tapchicongsan.org.vn/media-story/-/asset_
publisher/V8hhp4dK31Gf/content/vai-tro-trung-tam-cua-
nhan-dan-trong-su-nghiep-cach-mang-cua-dang-va-
dan-toc-nhung-bai-hoc-lich-su-va-cac-gia-tri-can-
tiep-tuc-van-dung-sang-tao-trong

https://tapchicongsan.org.vn/web/guest/hoc-tap-va-
lam-theo-tu-tuong-ao-uc-phong-cach-ho-chi-
minh1/-/2018/839902/tu-tuong-ho-chi-minh-ve-quyen-
doc-lap%2C-tu-do-cua-dan-toc---nen-tang-cua-su-
nghiep-xay-dung-va-bao-ve-to-quoc.aspx

https://thanhnien.vn/chua-ba-thien-hau-138-nam-

tuoi-kien-truc-co-giua-cac-toa-nha-cao-tang-
tphcm-185240609223414362.htm

https://tienphong.vn/chuyen-nguoi-vo-quang-tri-tham-
mo-minh-post1360658.tpo

https://tienphong.vn/chu-nhiem-htx-khoan-chui-minh-
khong-lam-thi-dan-se-doi-post1528226.tpo

https://vanvn.vn/nhung-cu-lieu-lich-su-ve-cai-chet-cua-
phan-dinh-phung/

https://vanhoavaphattrien.vn/me-suot-bieu-tuong-bat-
khuat-ben-dong-nhat-le-a28990.html

https://vietbao.vn/nhung-chuyen-tham-cung-bi-su-ve-
dinh-gia-long-va-dinh-doc-lap-338355.html

https://vovworld.vn/vi-VN/viet-nam-dat-nuoc-con-nguoi/
kham-pha-nha-vuong-dinh-vua-meo-797173.vov

https://yhoccotruyenqd.vn/kien-thuc-yhct/Danh-y/hai-
thuong-lan-ong-le-huu-trac-35.html

아시아문명연구원 총서 02

베트남 도이머이의 길

초판1쇄 찍은 날 2025년 12월 24일
초판1쇄 펴낸 날 2025년 12월 29일

지은이 김성범 · 응웬따이동
펴낸이 송광룡
펴낸곳 도서출판 심미안
등록 2003년 3월 13일 제05-01-0268호
주소 61489 광주광역시 동구 천변우로 487(학동) 2층
전화 062-651-6968
팩스 062-651-9690
전자우편 simmian21@hanmail.net
블로그 blog.naver.com/munhakdlesimmian
값 20,000원
ISBN 978-89-6381-482-7 93150

이 저서는 2020년 대한민국 교육부와 한국연구재단의 일반
공동연구지원사업의 지원을 받아 수행된 연구결과물(NRF-
2020S1A5A2A03044693)임.